Gomaespuma

Grandes disgustos
de la Historia de España

¡Pa habernos matao!

Gomaespuma

GRANDES DISGUSTOS DE LA HISTORIA DE ESPAÑA

¡Pa habernos matao!

temas 'de hoy.

© Juan Luis Cano Ambrós, 1993
© Guillermo Fesser Petinto, 1993
© EDICIONES TEMAS DE HOY, S. A. (T. H.), 1998
Paseo de la Castellana, 28. 28046 Madrid
Diseño de cubierta: Jorge Gil Cerracín
Ilustración de cubierta: Luis Miguel Doyague
Ilustraciones de interior: Guillermo Hernández Coronado
Primera edición: abril de 1998
ISBN: 84-7880-915-5
Depósito legal: M-10.537-1998
Compuesto en Puntographic, S. L.
Impreso en Lavel, S. A.
Printed in Spain - Impreso en España

INDICE

DE QUE VA ESTA HISTORIA

Grandes disgustos de la historia de España es un relato sencillo y despolitizado de algunos de los episodios más lamentables de nuestro pasado. Todos ellos coinciden con momentos históricos en los que con su torpeza, nuestros dirigentes metieron a España en situaciones de vergüenza, de pena o de ridículo internacional.

Fieles a los hechos históricos y a los personajes que los protagonizaron, nos hemos decidido por novelar los acontecimientos para poderlos contar de forma más entretenida. No resultará extraño, por tanto, encontrarse en estas páginas con anacronismos como el de Cristóbal Colón haciendo unas declaraciones a Tele 5 o el de Francisco Franco pidiendo desde el frente a Telepizza una doble de queso. Licencias temporales que en nada desvirtúan, según nuestro criterio, el *qué* de las cosas y, sin embargo, posibilitan el entendimiento de hechos complicados sin necesidad de ser un experto en la materia.

Grandes disgustos... nace con una doble intención: por un lado, la de mirar hacia atrás con una sonrisa, fijándonos en los errores de nuestros antepasados para intentar no volver a incurrir en ellos; por el otro, la de acercar nuestra historia, aunque sea de un modo muy general, a gentes que no tienen tiempo, ni posiblemente ganas, de matricularse en la Facultad de Geografía e Historia o de comprarse en la feria del libro la colección de *Cuadernos de Historia 16,* si bien ambas opciones nos parecen harto recomendables. Para conseguir nuestros objetivos hemos optado por el camino del buen humor. Ojalá que nuestros «disgustos» sirvan para darles una alegría a los lectores.

La Inquisición española

Hacia las postrimerías del siglo XIV descubrimos a un personaje llamado Ferrant Martínez, arcediano de ocupación, que sin nada mejor que hacer, porque no tenía amigos, se dedica a soltar sermones en la catedral de Sevilla. Como de pequeño todos los niños del barrio le llamaban gordo, empollón, acusica, cobarde, gallina, capitán de las sardinas, él decide tomar venganza. Elige para ello a los judíos, aunque igual les podía haber tocado a los gallegos. Decía en sus discursos verdaderas atrocidades sobre esta pobre gente, que si les olían los pies, que si eran ratas, que si le robaban el bocadillo a los compañeros de trabajo... e incluso cosas peores, como que iban en contra de la Iglesia y que mataron a Jesús y todo. A los judíos no les preocupaba mucho Martínez, porque eran una comunidad bien asentada y lo suficientemente influyente como para no temer a semejante pazguato. Pero, poco a poco, Martínez fue ganando adeptos. Consiguió que algunos le hicieran caso y a instancias suyas destrozaron varias sinagogas; las autoridades respondieron regañándole y diciéndole: «Martínez no te pases, que te estás pasando Martínez.»

Martínez, el muy bruto, se enfureció y soltó otra arenga mucho más bestia. La chusma se encrespó, se fue hacia el barrio de los judíos y comenzó a hacer el animal. Las autoridades apresaron a dos de los alborotadores y les azotaron bastante fuerte.

Y aquí comienza todo. El populacho se enfada, hacen de los dos azotados dos mártires y Martínez se convierte en un líder. A partir de este momento se corren las voces y, de Sevilla a Córdoba, de Toledo a Burgos..., en un santiamén toda la península se ve envuelta en un odio atroz contra los pobres judíos, que ven cómo sus barrios son asolados al grito de: «Judíos no, Martínez sí.»

Muchos judíos, temerosos de los *Martínez boys* se convirtieron al cristianismo, no por fe, sino para evitar que les persiguieran, aunque la mayoría de ellos continuaba practicando su religión a escondidas. A estos judíos conversos, el pueblo les dio el cariñoso nombre de «marranos». Tan sólo en Aragón y Castilla se calcula que se convirtieron unos doscientos mil. Los miembros de la Iglesia, envalentonados por el triunfo, se crecieron y arremetieron con más fuerza contra los judíos que seguían en sus trece.

TORQUEMADA

En el año 1465 sube al trono Isabel la Católica. Hay que añadir que al subir al trono tuvieron que ayudarle porque estaba un poco gordita y algo torpe. Esta reina, en vez de dedicarse a jugar al polo o a visitar hospitales e inaugurar pantanos, como todo buen monarca, se pasaba el día entero rodeada de curas y confesándose cada diez minutos. Uno de estos curas se llamaba Tomás de Torquemada, natural de Valladolid, como Roberto Domínguez, el torero. Torquemada había ejercido de confesor de Isabel la Católica cuando ésta era todavía infanta y ya por aquella época había hecho jurar a Isabel que cuando fuera reina tenía que hacer varias cosas. A saber: comprar casullas nuevas a los monaguillos de la catedral, traerle unas gafas de sol y un scalextric de Nueva York, en caso de que alguien descubriese América, y dedicar su vida a exterminar la herejía y perseguir a los judíos.

A continuación reproducimos un fragmento de la conversación entre Isabel la Católica y Torquemada, sacada de una grabación cedida por un vecino de la reina, a quien ya aprovechamos para dar las gracias.

—Isabelita, hija, me lo tienes que jurar.

—Jo, padre, es que me da no sé qué.

—Ni no sé qué, ni leches, o me lo juras o no te perdono los pecados y además cuento por ahí que te haces pis en la cama.

—Vale, padre, se lo juro. Cuando sea reina los judíos se la van a cargar.

—Pues venga, no se hable más. Reza tres padrenuestros y a la cama.

—Jo, padre, ¿otros tres padrenuestros?

—¡¡¡Isabelita!!!

La reina se hacía un poco la remolona hasta que un episodio fortuito provocó que se decidiera por fin a pasar a la acción. Fue el caso, que adentrándose en la judería, sin duda buscando a alguna moza judía de buen ver, un caballero cristiano descubrió, en la noche del 18 de marzo de 1478, miércoles, a un grupo de judíos y conversos dispuestos a llevar a cabo alguna misteriosa celebración. ¡¡¡Horror!!! La noticia corrió por toda la ciudad como la pólvora hasta llegar a oídos de fray Alonso de Hojeda, que, acusica, pelota, chivato, corrió a la Corte a contárselo a la reina:

—Fíjese, majestad, que estaban allí dispuestos a hacer sus cosas judías. Es que yo no sé adónde vamos a llegar. Desde luego, majestad, hay que hacer algo inmediatamente.

La reina, escandalizada, puso un telegrama urgente al papa Sixto cuyo contenido reproducimos a continuación:

> Querido Papa STOP Hay herejes como chinches STOP Estoy enfadadísisisisisisima STOP Hay que hacer algo ya STOP Recuerdos de Fernan STOP.

El Papa vaciló un poco, pero sólo un poco, y rápidamente promulgó una bula y facultó a los monarcas españoles para que nombraran a tres obispos entre las personas idóneas. Estos debían ser expertos en Teología y saber distinguir al Espíritu Santo de una perdiz chocha y otras aves. Además, se exigía que fueran seres humanos mayores de cuarenta años, a quienes pudieran destituir a voluntad, para que los monarcas tuvieran jurisdicción completa sobre la herejía dentro del reino de Castilla. En estos términos, aparentemente inocuos, se fundó la Inquisición española.

El Tribunal no comenzó a funcionar hasta dos años después de promulgada la bula, sin duda por los trámites y la fabricación de los trajes y eso, pero a partir del 17 de septiembre de 1480 los «herejes» lo iban a llevar clarito. Los primeros en ser nombrados miembros fueron Miguel de Morillo, maestro en Teología, y Juan de San Martín, bachiller. Los recién nombrados empezaron sus actividades inmediatamente.

El examen al que fueron sometidos para ocupar sus cargos fue de tipo test y estaba precedido de una entrevista personal. Hemos extraído algunas de las preguntas de la prueba:

¿ES USTED JUDÍO?
A. Sí
B. No
C. A veces

SI VA A UN BAR Y VE SENTADO A UN JUDÍO EN UNA MESA...
A. Le invita
B. Le insulta
C. Le quema

SI UN JUDÍO LE SALUDA POR LA CALLE...
A. Le saluda también
B. Le pega una patada en la nuez
C. Le quema

SI SE ENTERA DE QUE UNO DE SUS VECINOS ES JUDÍO...
A. Se chiva
B. Le oculta
C. Le quema la casa

Los judíos andaluces se pusieron rápidamente en marcha para defenderse de lo que se les venía encima. Uno de ellos, Diego de Susan, mercader inmensamente rico, que, por cierto, tiene un libro publicado en esta misma editorial con el título *Judíos, judías y otras verdulerías,* celebró junto con otros correligionarios una reunión para tomar medidas y defenderse de la incipiente Inquisición. Quedaron en aportar capital, hombres y armas suficientes para amortiguar las acometidas del Santo Oficio, pero la iniciativa se les fue al traste por culpa de la hija del tal Diego. Esta moza, guapa entre las bellas, enamorada de un caballero cristiano, en un momento de debilidad favorecido por el calor del amor y borracha, le soltó a su galán lo que su padre y otros amigos pensaban llevar a cabo. El caballero dijo que sí, que la quería mucho, pero que el padre de la chica se iba a caer con todo el equipo. Y así fue. El 6 de febrero de 1481, fecha en que tuvo lugar el primer auto de fe en Sevilla, seis hombres y seis mujeres fueron quemados vivos. Y todo eso por culpa de la niñita. En la segunda ocasión en que se celebró un auto de fe, el propio Diego de Susan marchó a la hoguera imperturbable y sereno, como siempre, según el testimonio de un testigo, que ahora reside en Zamora, llamado Josefino Laína, que, por razones obvias, prefiere mantener el anonimato.

Las víctimas de la Inquisición iban aumentando a ritmo frenético, hasta el punto de que los inquisidores tuvieron que cambiar de sede porque los calabozos se les quedaban pequeños. Y así se fueron con todo el equipo al castillo de Triana. A pesar de ello, las mazmorras del citado castillo se llenaron en menos que canta un gallo.

Una curiosidad: el 4 de noviembre de ese mismo año ya habían sido quemadas doscientas noventa y ocho personas y otras noventa y ocho condenadas a cadena perpetua.

En 1485, la sede del Tribunal se trasladó a Toledo, donde también había una población judía muy numerosa e influyente. Al igual que en Sevilla, los judíos decidieron defenderse de la Inquisición y para ello intentaron organizar un tumulto durante la procesión del Corpus y despachar a los inquisidores durante los desórdenes. Luego, proyectaban hacerse con las puertas de la ciudad y defenderla, incluso contra la Corona. Pero algún soplón les desbarató el invento. La Inquisición no se enfadó, pero el 12 de febrero de 1486 organizó otro auto de fe en el que figuraban setecientas cincuenta personas.

Con el fin de perfeccionar la organización se nombró a Tomás de Torquemada jefe de un Consejo Supremo para la coordinación de la labor de los tribunales locales de Castilla y León.

Torquemada era un buen hombre que no quería nada para él. Humilde entre los humildes, residía en palacios, pero por no disgustar al Papa, y mantenía una guardia personal compuesta por cincuenta familiares armados hasta las orejas y doscientos infantes. Además, a cada uno de sus subordinados se les permitía llevar un séquito de diez jinetes y cincuenta arqueros. Pero este boato no era por él, de verdad, pueden creernos, él era humilde. Incluso una vez en una conversación se le oyó decir:

—Ayer hablé con el Altísimo.

—Y ¿qué te dijo? —preguntó su interlocutor.

—Cosas suyas, no hay que darle mayor importancia; me pidió consejo sobre algunos asuntillos.

Ven con qué naturalidad hablaba de cosas tan elevadas sin darle mayor importancia... Si esto no es ser humilde, ya me contarán ustedes.

El amigo Torquemada logró notoriedad cuando procedió contra dos prelados de conducta intachable. Poco después se supo que fue por causas personales. Uno de ellos, Pedro de Aranda, obispo de Calahorra y presidente del Consejo de Castilla, había sido compañero suyo en el noviciado y un día le había hecho la petaca en la cama. Después de tanto tiempo, Torquemada vio la oportunidad de tomar venganza y, sin pensárselo dos veces, le acusó de tener origen judío, le mandó a juicio a Roma y le encarceló hasta su muerte. El otro era el venerable Juan Arias Dávila, obispo de Segovia, quien había probado su fe persiguiendo a los judíos en su diócesis, pero Torquemada se acordó que una vez, hacía más de treinta años, Dávila le había llamado gordo, y al igual que hiciera con Pedro de Aranda, le denunció y le mandó a juicio. La sentencia no pudo cumplirse en este caso porque el inculpado murió antes de que se promulgara la sentencia de un ataque de susto.

El 14 de abril de 1484 se consolida la Inquisición en el reino de Aragón y en el transcurso del mismo año abren sucursales en Valencia y Zaragoza. El alma de la Inquisición en Zaragoza es otra gran persona, pía y justa, canónigo de la catedral, que se llamaba Pedro Arbués. En la carta que éste escribió a los Reyes Magos ese mismo año, Arbués les pedía, entre otras cosas, una armadura. En los libros del archivo del Real Zaragoza Fútbol Club hemos encontrado dicha carta y pasamos a reproducirles aquí un extracto de la misma:

> Queridos Reyes Magos:
> Como este año he sido muy bueno y he mandado a la hoguera a un montón de judíos, quiero que me traigáis una bicicleta, una Barbie Super

Star y a su compañero Kent Brillos, con todos sus accesorios, un látigo de los de verdad, una sotana nueva con bolsillo interior para la petaca, un anillo gordo para que los capones hagan más daño y, por último, una armadura para ponerme debajo de la sotana por si alguien me quiere matar.

Estaba el 15 de septiembre de 1485 el bueno de Arbués rezando, arrodillado entre el coro y el altar mayor de la catedral, con su armadura puesta, cuando algunos gamberros, seguramente sin motivo alguno, le pegaron tal paliza que dos días después moría don Pedro. Por supuesto, fue venerado como mártir.

Y así, poco a poco, la Inquisición fue dando sus pasitos, limpiando de herejes el territorio nacional y, aunque con sus cosillas, haciendo su gran labor en pos de la unidad religiosa de España.

El 30 de marzo de 1492 en la Cámara del Consejo de la conquistada Alhambra de Granada, los soberanos españoles firmaron un decreto que envió al exilio a doscientos mil españoles leales, cuyos antepasados habían vivido en el país desde tiempo inmemorial, y cuatro meses después, a finales de julio, el último judío partía y el gran sueño de Torquemada era ya una realidad.

Torquemada murió en 1498. Fue sustituido en el cargo por Diego de Deza, y bajo sus auspicios la Inquisición alcanzó su apogeo.

Marcelino Villos, compañero de pupitre de Deza en el colegio, nos comentaba algunas ricas anécdotas del susodicho que arrojarán algo de luz sobre su manera de ser: «Recuerdo que un día, en el transcurso de un examen de Literatura para el que yo me había preparado una chuleta, que mantenía perfectamente escondida en el forro del babi, Deza se dio cuenta, levantó la mano y se lo dijo a la señorita, que inmediatamente me dio un capón, me expulsó de clase y me suspendió la asignatura al final de curso. Tuve que estar empollando durante todo el verano mientras el resto de mi familia se lo pasaba de lo lindo en la playa de Gandía. Esperé al año siguiente para tomar venganza, también durante un examen, esta vez de Lengua. Deza se había preparado para dar el cambiazo. Cuando se levantó para entregar el examen que se había traído de casa, yo me apoderé de su examen original entregándolo también, poco después, junto al mío. Al día siguiente, la señorita llamó a Deza y le dio un capón anunciándole que quedaba suspendido hasta septiembre. Unos años después la señorita de Lengua, doña Marisa Capuntas, era quemada en la hoguera acusada por Deza de judaizante. La prueba que esgrimió para su detención fue que había sido circuncidada, aportando incluso el testimonio de quien llevó a cabo la operación. Además de todo esto, Deza solía untar mocos en la capucha de la trenca de Sandro Guería, que era el compañero del pupitre de delante.»

Por fin, Fernando el Católico, que gobernaba en Castilla en nombre de su hija loca, destituyó a Diego de Deza y en su lugar nombró al Cardenal Cisneros, que como persona culta e intelectual, intentó mitigar los abusos que la Inquisición cometía. Cabe citar, que durante su estancia en el cargo sólo fueron arrojadas a las llamas dos mil quinientas personas. El pueblo ya no aceptaba la institución porque significaba un peligro tremendo, incluso para cualquier ciudadano corriente. Recordemos aquí el caso del bachiller Germán Dolina, que fue condenado por el Santo Oficio por esconder judías en su casa, sin que los inquisidores repararan en que eran verdes.

Al morir Fernando el Católico, dejó dicho a su nieto Carlos V en testamento que extirpara la herejía. Al principio todo parecía indicar que no iba a ser así porque, como Carlos V no hablaba español, no entendió la orden de su abuelo. Pero tuvo que llegar un listo que se lo tradujo.

Cuando subió al poder el nuevo rey, los conversos fueron a verle y le ofrecieron un enorme subsidio y un chalet en Jávea, o donde quisiera, si restringía el poder del Santo Oficio. El monarca titubeó un poco, titubeó un poco más y al final respondió: «Qué guasones estáis hechos, diablillos...», y la Inquisición continuó. Y no sólo continuó, sino que se reforzó, porque como en Alemania los luteranos estaban empezando a pegar muy fuerte en todas las listas de grandes éxitos, la monarquía española identificó sus intereses con los de la Iglesia de Roma y dio cuerda a los inquisidores, que de paso y con la moral muy alta dijeron: «...y los moriscos que se anden con ojo, que como nos mosqueemos un poco también les damos caña».

ESOS PEQUEÑOS TRUQUIS

La Inquisición española adquirió personalidad, diferenciándose de la del resto de Europa, porque creó sus propias reglas. Aunque basada en la inquisición medieval, sus actividades superaban en mucho a las de su precursora. Por ejemplo, el Santo Oficio español amasó una inconmensurable fortuna, gracias, entre otras cosas, a que confiscaba los bienes de todos sus detenidos. Conocido es el caso del asturiano Benito Cino, quien acusado por la Inquisición de tener cara de judío, permaneció en las mazmorras inquisitoriales sólo tres horas, hasta que demostró que era cristiano antiguo. Mas, cuando volvió a su casa, comprobó con gran tristeza que ya no tenía ni casa, ni nada y sólo le habían dejado a la mujer. Don Benito corrió presuroso a la sede del Santo Tribunal y le dijo al inquisidor: «Oiga, mal está que me confisquen mis bienes, pero ya puestos a confiscar, confisquen también mis males.» Pero el infortunado no pudo colocar a la parienta.

Y por fin ha llegado la hora del concurso. Atentos a la pregunta:

¿CUÁNTOS TRIBUNALES LLEGÓ A TENER LA INQUISICIÓN EN ESPAÑA?

Si saben la respuesta, manden una postal con su nombre y dirección al apartado de correos 227748763, de Murcia, junto con un código de barras de sopas La Marsopa*.

Para el perfecto funcionamiento de la Inquisición se creó, en las postrimerías del siglo XV, un consejo central denominado oficialmente Consejo de la Suprema y General Inquisición, si bien era conocido como «La Suprema». Todas las sentencias de los tribunales locales tenían que pasar antes de ejecutarse por ella, que poco a poco y debido a la proliferación de las confiscaciones se fue convirtiendo en un puro organismo financiero y comercial. También era responsable de la publicación de las Instrucciones, o manuales para in-

---

* Respuesta: quince.

quisidores, que se comenzaron a editar a partir de la época de Torquemada. Reproducimos aquí un extracto de uno de los mencionados folletos:

> ...y se recuerda a todos los inquisidores que anden con ojo a la hora de detener a algún hereje, no vaya a ser que sólo detengamos a pobres, que no es que esté mal, pero sería menester que el detenido, además de hereje, fuera rico, para mayor gloria de la cristiandad, [y teniendo en cuenta que lo que tuviera el individuo pasaría a las arcas de la Inquisición...] Aprovecho la ocasión, como inquisidor general que soy, para recordarles a todos ustedes que en caso de que quieran enviarme algún regalo, y sólo en caso de que quieran ustedes, mi dirección es: Palacio de Soto Chico (Toledo). Agradecido de antemano, atentamente suyo,
>
> El inquisidor general

A veces, entre la detención de una persona y la promulgación de la sentencia pasaba largo tiempo, de tal modo que muchos morían en las mazmorras de la Inquisición en espera de saber qué iba a ser de ellos. Doña Belén Cería fue detenida a los catorce años acusada de bruja porque fue sorprendida por un vecino haciendo pócimas horribles —como, por ejemplo, zumo de zanahoria—, además de haber sido vista sacándose un moco durante la celebración de un auto de fe. Tuvo que esperar doña Belén dieciséis años a que se dictara sentencia; mas, cuando fueron a comunicársela, como ya había crecido mucho, no la reconocieron y se quedó a vivir para siempre en el calabozo. Gracias a la colaboración del sobrino de uno de los carceleros, que nos ha prestado una cinta de vídeo, podemos saber lo que ocurrió en aquella ocasión. Reproducimos parte de la conversación mantenida en la mazmorra:

—¿Doña Belén Cería?

—Soy yo.

—Venga, señora, que Belén Cería es jovencita y no lleva gafas.

—¡Pero que soy yo, que llevo aquí toda mi vida!

—Sí, sí y yo soy monja.

—Bueno, hermana, escúcheme, que Belén Cería soy yo.

—Señora, menos cachondeo, que lo de monja lo decía a modo de ejemplo. Bien, si ve a Belén Cería le dice que ha sido absuelta.

—Oiga, que soy yo.

—Pues venga, acompáñenos, que le ha tocado la hoguera.

—Quite, quite, qué tontería, ¿cómo voy a ser yo Belén Cería?, no ven que soy un señor.

—Pues aquí quietecita y sin molestar, que estamos trabajando.

Otra de las particularidades de la Inquisición era que los gastos de permanencia en la prisión corrían a cargo del encarcelado. En Sicilia, una monja fue absuelta y puesta en libertad en 1703, tras cuatro años de confinamiento, y los herederos de la infeliz tuvieron que seguir pagando hasta 1872. Esta estúpida situación es más incongruente si cabe, si tenemos en cuenta que, como hemos señalado anteriormente, una vez que un acusado era detenido, el Santo Oficio confiscaba todos sus bienes, con lo cual poco podía hacer el convicto para pagar sus gastos de estancia en prisión.

Las comodidades en las mazmorras no eran excesivamente maravillosas, más bien eran un asquito, sobre todo en lo que se refiere a la alimentación. Según declaraciones de don Domingo Minola, cocinero de la prisión del Palacio de Triana, en Sevilla, un día con dos pechugas de pollo hizo caldo para tres mil quinientos prisioneros y con la carne preparó croquetas para la cena.

Las condiciones higiénicas tampoco estaban mal. Existía una letrina para cada tres mil prisioneros, con lo que se producían colas interminables. María del Carmen Tolada, que permaneció prisionera de la Inquisición en Cuenca en el año 1546, declaró hace poco a la revista *Supertele* que una vez, a causa de un apretón, hizo cola durante más de tres meses y que, al final, cuando iba a tocarle el turno tenía que hacer esfuerzos sobrehumanos para no hacérselo todo encima.

Lo que no ha sido descubierto por los historiadores es si el desgaste de los aparatos de tortura se añadía a la cuenta de los prisioneros, o si con los gastos de mantenimiento corría la propia Inquisición. Sí es cierto, en cambio, que el 14 de abril de 1634, mientras Catalina Tillas era torturada en el «quebrantarrodillas», uno de los enormes y puntiagudos dientes de hierro se desprendió del tablón al que estaba sujeto, y el torturador, visiblemente molesto, le dijo a la infeliz señora que el que rompe paga y que o se hacía cargo del arreglo o irían diciendo por ahí a todo el mundo que tenía los pechos operados o cosas peores. Sobra comentar que ante tales argumentos, la pobre desgraciada pagó.

Durante los juicios, a los acusados no se les permitía presentar testigos que pudieran serles de utilidad. Quedaban excluidos parientes, amigos, cristianos nuevos, moriscos, criados..., porque se pensaba que su testimonio no sería digno de confianza. Normal.

La Inquisición contaba con espías a sueldo a los que se instruía y equipaba con todo lujo de detalles. El equipo de espionaje de la Inquisición constaba de:

- Cubierto-pinza.
- Periódico con dos agujeros para que el espía asomara los ojitos mientras disimulaba haciendo como que leía.
- Armadura de camuflaje.
- Disfraz de don Nicanor tocando el tambor.
- Y muda de recambio.

Fernando el Católico introdujo una nueva modalidad de pena para uso de la Inquisición. Como España estaba constantemente en guerra por todos los sitios y necesitaba personal, cada vez que escaseaban los remeros, don Fernando hacía una llamada al Santo Oficio y pedía condenados a galeras. En el archivo del Consejo de Indias queda registrada la siguiente conversación entre el monarca y un inquisidor sin identificar:

—Oiga, que soy el rey, que necesito remeros para las galeras reales.

—Jo, don Fernando, si le mandamos cuatrocientos ayer.

—Sí, hijo, pero no me duran. Yo no sé qué les pasa que no me duran nada.

—Pues no tenemos detenidos casi.

—Pues detengan, detengan.

—Es que prácticamente hemos limpiado esto de herejes.

—¡Ay, Señor! ¿Qué ha sido de esa imaginación?

Detengan, hijos, detengan... y rapidito, que tengo las galeras paradas.

—Se hará lo que se pueda majestad. Se hará lo que se pueda.

La última y mayor sanción de que disponía el Santo Oficio se denominaba «relajación». Esta consistía en la aplicación de la máxima pena, es decir, la pena de muerte. Se encomendaba a manos seculares, ya que ningún eclesiástico debía mancharse las manos de sangre. Según los escritos de fray Melchor Izo, inquisidor del tribunal de Barcelona durante el periodo comprendido entre 1657 y 1669, el nombre de «relajación» se adoptó porque, cada vez que un condenado a muerte era entregado por fin a las autoridades civiles, el eclesiástico en cuestión se quedaba relajadísimo al haberse quitado de encima tal peso.

La sentencia de «relajación» se infligía a cuatro tipos de culpables, que eran, a saber: los «contumaces», que se enorgullecían de su herejía; los «relapsados», que eran los que se habían arrepentido, cobardones en alguna ocasión anterior; los «diminutos», cuya confesión se consideraba incompleta; y los «negativos», que se negaban a declararse culpables de los cargos que se les atribuían.

La Inquisición lo tenía todo calculado y bien organizado. Por ejemplo, para proporcionar leña en los autos de fe y que no faltara el material primordial para su puesta en escena se creó la Compañía de la Zarza, que además de ese cometido se encargaba de montar guardia durante el transcurso del acto.

Era muy común entre los asistentes a los autos de fe quemar las barbas de los condenados a la hoguera antes de que llegaran a la pira, como adelanto de lo que les esperaba. Una vez, según un documento encontrado en la biblioteca de la Real Academia de Bellas Artes de Aletas de la Frontera, un niño prendió las barbas de un condenado provocando la ira de éste. Reproducimos aquí la escena, tal y como figura en los escritos:

«Marchaba cabizbajo y triste don Camilo Gotipo, camino de su ardiente final, cuando un chaval no mayor de diez años prendió su pelirroja barba. El "relajado" volvióse y, parando la procesión, comentó al chico que por qué no le quemaba las barbas a su madre. El niño, sorprendido por la reacción del condenado, contestó que su madre, quien por cierto le tenía cogido de la mano, no era hereje y por tanto no estaba condenada. Don Camilo, víctima de la desesperación, llamó a uno de los inquisidores que acompañaban la desgraciada marcha y señalando a la buena señora dijo: "Esa, padre, ésa también es hereje, que la conozco bien." Los guardias la apresaron y la señora pasó a formar parte de la procesión que marchaba hacia la hoguera. Entonces, el vengativo condenado increpó de nuevo al niño diciéndole: "¿Ahora qué, listo?" Y el chaval, con sonrisa burlona, contestó: "Esa era mi tía y además la odiaba."»

El caso es que, entre pitos y flautas, treinta mil personas se convirtieron en pinchos morunos.

COMIENZA EL ESPECTACULO

Los autos de fe no siempre eran públicos; a veces, cuando las penas eran menos graves, se celebraban sin darle ningún tipo de publicidad, a puerta cerrada en alguna iglesia. Esos actos se denominaban «autos particulares», aunque el pueblo los llamaba simplemente «autillos». Pero los mejores eran los grandes, los que se celebraban para todos los públicos en las plazas de los pueblos y ciudades. Se anunciaban dos o tres semanas antes y se prometían grandes beneficios espirituales a todos los asistentes. Al llegar la fecha señalada, no se encontraba alojamiento en sitio alguno. Según declaraciones de don Ramiro Porla Cerradura, zapatero toledano, durante un auto de fe celebrado en su ciudad el año 1649, tres familias completas llegaron a dormir frente a su taller dentro de una caja de puré de patatas instantáneo.

El acto comenzaba con el tañer de las campanas. Esta era la señal para el inicio del desfile en el que aparecían los condenados a hacer penitencia en público. A la cabeza marchaba todo el clero local con el estandarte de la Inquisición.

En estas procesiones se puso de moda el «sambenito», que era un saco de patatas bendecido por el párroco del barrio, que tenían que ponerse los herejes.

Cuando la procesión llegaba al lugar elegido para la celebración del acto, el notario del Santo Oficio levantaba la cruz y ordenaba a todo el mundo que jurasen defender la fe católica y la Inquisición. Luego los penitentes acudían uno por uno a escuchar su sentencia, excepto los condenados a la hoguera, que la sabían desde la noche anterior.

Durante un auto de fe, celebrado en Murcia el 4 de noviembre de 1603, fueron tantos los penitentes, que pasaron treinta y dos años hasta que fueron leídas todas las sentencias. Mientras los condenados hacían cola se produjeron bodas, bautizos, riñas... Uno de ellos aprovechó e instaló un puesto de castañas, llegando a ahorrar el dinero suficiente para comprar su libertad cuando le tocó el turno de escuchar su sentencia. Otro tuvo tiempo de solicitar su ingreso en un seminario, hacerse cura, entrar en la Inquisición y acusar al notario que estaba leyendo las sentencias, de tal modo que éste fue apresado y todos los condenados que venían detrás se libraron.

MARCHANDO UNA DE MORUNOS

En el año 1501 al cardenal Cisneros se le ocurrió organizar una campaña de cristianización en Granada, y los árabes que habían preferido quedarse a vivir allí después de la conquista fueron llevados a bautizar en masa. Alentado por el éxito, el cardenal intentó hacer lo mismo con los musulmanes de Castilla, a quienes se llamaba «mudéjares» (según el historiador Jaime Locotón, se les llamaba así porque se cambiaban mucho de muda). Y en 1502, mediante la promulgación de un edicto, se decretó la expulsión de todos aquellos que no hubieran abrazado la fe de Cristo. De todos modos, como lo que querían los cristianos no era la expulsión sino la conversión, les amenazaban, les prometían, les sobornaban, incluso raptando a sus hijos y bautizándoles, para que así los padres se alentaran a ver la luz de la verdadera fe. El musulmán Abdul Ben Aqui, nos relata su propio caso:

«Mira, paisa, yo estaba en mi casa intentando vender alfombra a mon ami. Mando a hijo a por té muruno a cocina, pero hijo no vuelve. Yo digo a mon ami: "Vengo ahora paisa, tú sólo mirar. Cuando vuelva di tú qué vale alfombra, buena, bonita, barata paisa." Y me voy a buscar a mi hijo. De pronto llega cura con hijo de mano y dice que hijo fue a buscarle para bautizarse. Yo le digo: "Mira, mon ami, yo no te creo", y él pregunta a hijo que si es verdad. Hijo mío dice que no es verdad y cura paisa da capón a hijo y dice que el niño no entendido pregunta. Yo digo que sí ha entendido pregunta. Cura paisa me da a mi otro capón y dice: "No ha entendido pregunta." Yo digo: "Vale paisa, ni para ti ni para mí, sólo ha entendido poco." Y cura dice: "vale". Levanta la mano para dar capón otra vez y pregunta a mi hijo: "¿A que has venido tú solo a bautizar?" Hijo parece que va a decir no, pero cuando mano para capón baja, hijo dice sí. Mon ami sale corriendo de dentro de la casa con alfombra sin pagar. Yo digo: "¡Al ladrón!", pero él ya corre. Cura dice que ahora que niño es cristiano yo también debo ser. Digo que no y cuando mano baja para capón, digo que sí. Pero yo no quería, paisa. Y ahora España Marruecos misma cosa. ¡¡Hala Madrid, Butraguinio!!»

Los musulmanes eran mucho más numerosos en España que los judíos, estaban mucho más organizados e incluso mantenían su propia lengua; por tanto, la Inquisición les tomó un asco que no veas. El hecho de no comer carne de cerdo, no beber vino, lavarse a menudo o cantar canciones árabes era suficiente para mandar a un hombre a la hoguera.

El caso del bachiller Julián Tipático fue muy curioso. Era el buen licenciado hombre de fe, pero tenía por mal hábito comer sólo verduras desde que una úlcera de estómago le andaba fastidiando las interioridades. Cierto día en casa de un prelado de Granada, durante el transcurso de una comida, le obsequiaron con un riquísimo guisado de cerdo y un maravilloso vino de Rueda. El bachiller agradeció a su anfitrión el menú, pero

se excusó diciendo que si no fuera mucha molestia preferiría unas coles de Bruselas. La discusión que se produjo a continuación no tiene desperdicio:

—¿Cómo que coles de Bruselas?

—Verá padre, no se lo tome a mal es que...

—¡¡¡Herejía!!! No come cerdo, no bebe vino.

—No se ponga así. Es que no puedo.

—Lo afirma, lo afirma. ¡¡¡Herejía!!!

—Coño, qué pesao, que no puedo comer carne, que tengo úlcera.

—¡¡¡Herejía!!!

—¡¡¡Que no!!! Que me lo ha recetado el médico.

—Pues el médico también hereje. A la hoguera los dos.

Y les quemaron.

El caso más patético, y totalmente verídico, es el de una joven musulmana de quien sospechaban que era una infiel disfrazada. Enviaron a un espía musulmán que se ganó su afecto y, habiéndola seducido, comunicó al Santo Oficio los hábitos de la joven en materia de higiene sexual. Esto fue suficiente para que la condenaran a la hoguera. Una amiga suya, Yaima Al-Kasar, nos cuenta la historia con pelos y señales:

«Cuando mi amiga fue a lecho con enamorado, después besos ella *go to the bathroom* [hay que recordar que Yaima en la actualidad reside en Estados Unidos y mezcla los idiomas]. Cuando paisa vio que ella *wash the female thing*, grita:

—No, no, por qué haces. No bueno.

Ella *answer him:*

—Sí bueno.

Paisa responde:

—*Dirty is better.*

Ella pone como pimiento morrón y paisa señala con dedo acusador y dice a ella:

—*Almudala* —que significa en árabe: «Te has cagao». Así mi amiga la palmeishon.»

La mayoría de los árabes residentes aún en España renunciaron a su forma de vivir, incluso a su vestimenta, y dejaron de utilizar su propia lengua. No ocurría lo mismo en Granada, último reducto de los musulmanes, incluso después de conquistada. Hasta que durante una visita de Carlos V a la ciudad de la Alhambra, las autoridades locales le asediaron con quejas sobre los moriscos y el emperador dio carta blanca a la Inquisición, a pesar de que los Reyes Católicos habían prometido la inmunidad a sus pobladores en el momento de la conquista de la ciudad. De todos modos, hasta que no subió al trono Felipe II, la Inquisición se comportó con moderación en Granada. La gota que derramó el vaso fueron las andanzas de los piratas berberiscos, que posiblemente se habían puesto de acuerdo con los moriscos granadinos, así que Felipe II dijo: «Hasta aquí hemos llegado, señores», y se puso a repartir en tierra la leña que no podía repartir en el mar.

Para empezar, los cristianos destruyeron todos los baños, que habían sido orgullo de la ciudad, con lo que tanto moros como cristianos gozaron de la misma pestilencia corpórea. Como Dios manda.

Los árabes granadinos se cansaron de tanta mala leche y, al mando de Muley Mohamed Aben Humeya, se rebelaron. Se pusieron muy chulitos creyendo que iban a ser ayudados por sus hermanos africanos, pero éstos no llegaban.

Reproducimos una conversación telefónica entre Aben Humeya y un jeque marroquí:

—Hermano, ¿qué pasa que no llegáis?

—Lo siento hermano, es que tenía un bautizo.

—¿Zarpáis mañana entonces?

—¡Huy, qué va, imposible, he quedado!

—Mira, hermano, que nos van a dar para el pelo...

—¿Sí?

—Cómo que sí.

—¿Sí? ¿Oiga? No oigo nada. Adiós, adiós, ya llamaré, adiós.

Los cristianos reaccionaron salvajemente poniendo al mando del marqués de Vélez un ejército sediento de sangre, pero como en otras anteriores ocasiones, falló. Felipe II le llamó al orden:

—Marqués, ¿es que eres tonto o qué te pasa?

—¿Po qué majestá?

—Anda quítate de mi vista, que no sé qué hacer contigo.

—Quede jubá al escondite.

—Quita idiota, que eres idiota, que te están ganando los moros.

—¿No quere jubá al escondite?

—Que se lleven inmediatamente de aquí a este tío y que le sustituya don Juan de Austria.

Y así fue. Don Juan entró en campaña en enero de 1570 y en mayo ya había sometido a los moriscos. Los que no fueron muertos fueron deportados, y así Granada pasó de ser un vergel a ser un desierto.

En abril de 1609 el Consejo de Estado decidió desterrar a todos los moriscos del país, empezando por Valencia. Entre los expulsados había no sólo musulmanes convencidos, sino también cristianos de sangre árabe que eran tan españoles como los que se quedaban. Hasta 1615 no terminó el proceso de deportación, y desde entonces hasta nuestros días el muecín no volvió a llamar a nadie a la oración, aunque algunos dicen que en la Alhambra, si prestas atención, puede oírse su eco.

ASI QUE PROTESTANTE...

El protestantismo fue el último de los grandes problemas que tuvo que afrontar la Inquisición española. Además, esta corriente religiosa había surgido del mismo seno de la Iglesia católica, con lo que en un principio la Inquisición anduvo algo despistadilla.

Las ciudades donde más auge tuvieron las nuevas ideas reformistas fueron Sevilla y Valladolid, con vástagos en Zamora y en el reino de Aragón.

Cuenta un protestante de pro, que intentó introducir en Galicia los nuevos mensajes, que nada más llegar a Vigo preguntó a un paisano:

—¿Oiga, quiere usted ser protestante?

El buen hombre le contestó:

—¿Esu qué es?

Y el otro le dijo:

—Se trata de unas nuevas ideas...

Y antes de que acabara la frase, el gallego le arreó un golpe con el remo de la barca en la cabeza que el protestante se quedó tonto y luego añadió:

—Hala, ahora ya puedes protestar.

El fundador del movimiento protestante en España fue un tal Diego de Valer, al que, como tenía un poco cara de conejo, la Inquisición no tomó muy en serio.

Lo cosa fue alcanzando mayor importancia y el Papa

Pablo IV se mosqueó un poquillo y mandó un telegrama al inquisidor general para que no escatimase esfuerzos en exterminar el mal. He aquí la copia íntegra del telegrama:

> Soy el Papa STOP Los protestantes
> ya tocan las narices STOP

El inquisidor general no necesitó más palabras, lo cogió a la primera, y se puso manos a la obra. Del mismo modo, Carlos V, que estaba ya a punto de irse para el otro barrio, tuvo tiempo suficiente para decirle a su hijo que hiciera caso al Papa, que el Santo Padre tenía muy mal genio y que como no luchara contra los protestantes lo mismo se enfadaba y dejaba de mandarles la cesta de Navidad, con lo bien que venía en Palacio. Felipe II entonces publicó un edicto condenando a la hoguera a todos los compradores o lectores de libros prohibidos, añadiendo además que quien acusara a otro podía quedarse con la cuarta parte de los bienes del acusado. Y para qué quieres más. Llovieron las denuncias.

Es muy curiosa la carta enviada al Santo Oficio por doña Juana Dadora:

> Muy señores míos:
> Les comunico que he pillado a mi vecina leyendo anoche la revista *Don Balón*. Si tal publicación es una de las prohibidas, me gustaría que la detuvieran y me dejaran quedarme con su chaquetón de zorro plateado, que es una monada.
>
> Suya afectísima,
> JUANA DADORA

El mismo día que la Inquisición empezó sus andanzas en Sevilla contra los protestantes, fueron detenidas no menos de ochocientas personas. El día 24 de septiembre de 1559 los resultados se vieron en un auto de fe en el que fueron relajados dieciocho luteranos. A finales del año siguiente tuvo lugar otro acontecimiento de las mismas características en el que fueron quemados veinticuatro protestantes, y tres más en efigie. Los inquisidores estaban hechos polvo, contemplando cómo se les acababa el trabajo. Uno de ellos fue a ver al rey y le dijo:

—Majestad, ¿qué hacemos?

—No os preocupéis, que aún nos queda Flandes.

—¡Ay majestad, es tan listo que me dan ganas de besarle!

—Quita, quita, que me pringas de babas.

Y con esas se fueron a Holanda. En 1560 se introdujo la Inquisición en los Países Bajos. El proceso culminó con la actuación del duque de Alba y su Tribunal de la Sangre. Uno de los miembros del Tribunal, según se dice, al despertar de la siesta gritaba siempre: «¡Al cadalso, al cadalso!»

Algunos historiadores comentan que el duque de Alba se jactaba de que durante su etapa de gobierno dieciocho mil seiscientas personas fueron ejecutadas y otras sesenta mil tuvieron que exiliarse a Inglaterra.

Creemos que con estos brevísimos datos ha quedado patente que la Inquisición española fue un periodo «chachi» que puede contarse entre esos pequeños disgustos de nuestra historia. Posiblemente, si no hubiera existido, ahora seríamos más altos, más guapos, más cultos y más.

La Armada Invencible

Todo parecía señalar que aquel verano de 1588 iba a ser estupendo. Las predicciones meteorológicas así parecían indicarlo. Los turistas llenarían nuestras playas y ganaríamos mucho dinerito. Pero las relaciones con Inglaterra estaban fatal. No solamente los ingleses habían decidido irse a veranear a otros sitios, sino que, además, sus piratas nos hacían la puñeta abordando nuestros barcos cuando venían cargados de tesoros americanos. Fue por eso por lo que Felipe II decidió mandar contra Inglaterra a La Felicísima Armada, pues tal era su nombre; lo de Armada Invencible vino después y ya con cachondeíto. Pero para comprender lo que pasó, cómo y por qué, es importante que nos situemos en el ambiente que se vivía por aquellos años.

AMBIENTE EN VESTUARIOS

Treinta y cinco años antes de lo de la Armada Invencible Felipe II ya había sido rey de Inglaterra. El rey prudente comenzó siendo sólo monarca de Nápoles, pero papá decidió desposarle con su prima María Tudor. Carlos V quiso, de este modo, renovar la tradicional alianza entre Inglaterra y España contra los franceses, y así, de paso, conjuraba el peligro de que los Países Bajos quedaran indefensos frente a los galos o aislados de los territorios que habría de heredar Felipe II. La boda se celebró en Winchester, en julio de 1554. Todas las revistas del corazón la calificaron como la boda del año. Asistieron las personas más influyentes de Europa y la cena se sirvió en los salones Lord Winston. El menú, que fue elogiado por todos los asistentes, consistió en:

Consomé al jerez
Fritos variados
Entremeses

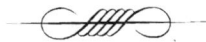

Ternera jardinera
Medallón de merluza

Helado
Tarta nupcial (que bajó del techo)
Café y copa

Todo fue muy entrañable. Al acabar la comida, Carlos V pasó mesa por mesa regalando puros a los señores y cigarrillos rubios a las señoras, y unos amigos muy simpáticos de Felipe II le quitaron la corbata al novio, la trocearon y fueron pidiendo dinero a los invitados. El fin de fiesta tuvo lugar en la discoteca del propio restaurante, donde todos bailaron hasta el amanecer. Al final, papá Carlos bebió un poco más de la cuenta y se puso algo pesado. Los novios se fueron al día siguiente a Canarias para pasar su luna de miel.

En el contrato de boda se estipulaba que el hijo que naciera de la unión de Felipe y María heredaría a un tiempo Inglaterra y los Países Bajos. Pero ese hijo no nació. Felipe se cansó de María, diez años mayor que él, y decidió abandonarla e irse a los Países Bajos donde su padre estaba ya muy enfermo. Un criado de palacio nos contó la última conversación entre el matrimonio regio:

—Lo nuestro no puede seguir así, Mary.

—Claro que no. Estoy harta de que todos los domingos me dejes sola. Cuando no es la caza es el fútbol y si no, la pesca. Yo así no puedo vivir, Felipín.

—Que no me llames Felipín, coño, que te lo he dicho mil veces.

—¿Has visto? Ya no me quieres. Pues te advierto que como no cambies me voy a casa de mi madre.

—No hace falta, soy yo el que se va. Me voy con mi padre.

—¡Felipín!

Pero Felipín ya había dado un portazo y se había marchado. Tan sólo en una ocasión más volvió a Inglaterra. Fue en 1557 y con el fin de recabar ayuda contra los franceses.

En 1558 moría María Tudor, dejando en el trono de Inglaterra a su hermana Isabel, hija de Ana Bolena. Felipe II tenía razones para creer que la nueva reina se inclinaría por la causa protestante, cosa que no le hacía mucha gracia. De todos modos decidió apoyarla, ya que la otra opción que se dibujaba en el horizonte de la sucesión era la de María Estuardo, católica, pero esposa del delfín de Francia. Si los franceses conseguían sentar en el trono de Inglaterra a María Estuardo, que a su vez era reina de Escocia, las Islas Británicas quedarían indisolublemente ligadas a Francia. Así que Felipe II declaró públicamente su amistad y apoyo a la reina Isabel y ésta lo aceptó de buen grado, ya que la península ibérica y los Países Bajos representaban para ella un punto vital, económicamente hablando. De la primera obtenía el material para la fabricación de sus famosos textiles, mientras que en los segundos tenía garantizada su venta y distribución.

En estos momentos el embajador de España en Inglaterra era el duque de Feria, quien a través de una carta enviada a Felipe II intentaba convencerle de que invadiera Inglaterra para imponer de nuevo el catolicismo:

> ¡Ay, majestad! Invada Inglaterra. ¿Qué le cuesta, majestad? No ve que si no estos bestias van a seguir con el protestantismo... Ande, majestad, invada sólo un poco, aunque sea. Espero noticias.
> Sigo pensando que deberíamos abrir una guardería en el Consulado.
>
> El de Feria

Pero Felipe II dijo que no, que lo mejor era buscarle un marido católico, e incluso él mismo llegó a ofrecerse. Pero no coló. La conversación telefónica entre ambos monarcas, en la que Felipe II se ofrece como posible marido quedó registrada en una cinta y nosotros hemos llegado a ella gracias a la colaboración de un señor que se llama Manolo, que es ladrón y que la ha robado, dejándonosla por un precio razonable:

—¿Diga?

—Isabel, soy Felipe.

—¿Felipe? ¿Qué Felipe?

—El español.

—¡Ah, hola, Felipe!

—Hola, que digo, que he estado pensando mucho en ti estos días y que se me ha ocurrido que tienes que ir pensando en sentar la cabeza.

—¿Perdón?

—Sí, mujer, que te deberías casar.

—Ya.

—Y digo yo, que si te quieres casar conmigo... que, vamos..., que yo encantado.

—Pues mira, no.

—Piénsalo un poco Isabel, no seas tan arisca.

—Es que no me gustas, Felipe; además, ya me dijo mi hermana que eras un rollo patatero.

—Hombre, tampoco es eso.

—Que no, Felipe, que no. No insistas. Prefiero que sigamos siendo sólo buenos amigos. Adiós.

Y le colgó.

La década de 1580 parecía prometedora para España. Se había llegado a la paz con los turcos, los Países Bajos estaban tranquilos y Felipe hacía valer sus derechos a la corona de Portugal y se convertía también en soberano del país vecino. Esto fue, aunque parezca mentira, lo que desencadenó el que Felipe II enviara La Felicísima Armada contra Inglaterra. Ahora veremos por qué.

Para la sucesión en Portugal existían varios candidatos: el rey Sebastián, que murió en Marruecos durante la batalla de Alcazarquivir, y el cardenal don Enrique, heredero inmediato del anterior, pero que también nos dejó (Dios le tenga en su gloria). Y fue ahí cuando Felipe II dijo: «Pues entonces reino yo.» Movilizó las tropas a lo largo de la frontera y controló Portugal y su imperio ultramarino.

Sólo el archipiélago de las Azores se resistió. Allí apostaban por don Antonio, prior de Crato, quien intentó tomar las islas en dos ocasiones (1582 y 1583). En ambas intentonas la flota española, al mando del marqués de Santa Cruz, le dio para el pelo. El marqués, con la moral por las nubes tras las victorias, pensó en escribir al rey. Y así lo hizo. Este que les exponemos a continuación es un extracto del manuscrito.

Majestad:

¿Qué tal? Yo bien. Muy contento por las victorias. Precisamente por ellas he pensado que, ahora que no hay quien nos pare, deberíamos preparar una expedición contra Inglaterra. Yo ya se lo he dicho a los chicos y les ha parecido muy bien. Hemos comprado unos cañones de oferta y espadas y todo. Si nos manda contra los ingleses, le garantizo, majestad, que vamos a salir a ganar y vamos a sudar la armadura hasta el límite. Si ganamos, destronaré a la reina hereje y además someteremos mejor desde allí a los Países Bajos. Piénselo mi rey, que es usted el rey más majo del mundo. Besos y abrazos de su marqués que lo es.

El de Santa Cruz

Después de esto, Isabel de Inglaterra, mosqueada porque el poder español ya era una cosa exagerada, firmó un tratado con las Provincias Unidas comprometiéndose a ayudarles económica y militarmente a cambio de que le dejaran instalar dos guarniciones inglesas en los puertos de La Brill y Flessinga, que eran los dos enclaves más importantes en el supuesto de que se preparara una invasión contra Inglaterra. Y, envalentonada, Isabel también mandó a Drake, el pirata, al mando de una flota de veinticinco barcos para hostigar a los navíos españoles y sus colonias. Antes de cruzar el océano, la flota saqueó Vigo. Al llegar a América, tomaron Santo Domingo y asaltaron Cartagena de Tierra Firme. En ese preciso instante, según cuenta un ciudadano cartagenero, Drake, desde la cubierta de su barco, puso el culo en pompa y se tiró un cuesco mientras decía: «*To Philip*», que traducido al español quiere decir: «Para Felipe.» Eso ya no lo pudo aguantar el monarca hispano:

«Pase lo de Vigo, mal está lo de Santo Domingo y lo de Cartagena, pero un pedo no, señor mío. Un pedo no. A por ellos. ¿Dónde está el marqués de Santa Cruz? Que venga.»

Hasta principios de 1586 Felipe no encargó al marqués de Santa Cruz que elaborase un plan para invadir Inglaterra, porque ahora nos quejamos de cómo está el correo, pero es que antiguamente era mucho peor.

En tan sólo dos meses, el marqués ya tenía preparado el plan.

—A ver, Santa Cruz, ¿qué has pensado, hijo?

—Lo tengo todo previsto, majestad. Vamos a armar la de San Quintín.

—Anda, anda, no divagues que eso es otra guerra.

—Bien, alteza, he pensado que necesitamos:

- Ciento cincuenta barcos de guerra, sin contar las embarcaciones de carga.
- Treinta mil marineros.
- Y más de sesenta mil soldados.

El rey le miró con cara de no creerse lo que estaba oyendo.

—Pero Santa Cruz, ¿tú eres tonto o qué te pasa?

—¿Por qué, alteza? Si juntamos todo eso, ganamos.

—Claro, y si yo fuera Dios les mandaba un diluvio, pero no lo soy.

—¡Jo!

—Anda, Santa Cruz, quítate de mi vista, que me tienes contento...

Y el rey llamó al duque de Parma, Alejandro Farnesio, y se lo contó.

—Va y me pide todo eso. Tú te crees...

—Hombre, a mí lo que se me ocurre —dijo el duque— es invadir desde aquí, desde los Países Bajos y sólo necesitaría treinta mil hombres con armas y flotadores.

—Flotadores, ¿para qué?

—Porque deberíamos cruzar el canal en barcazas, y si alguien se cae, ¿qué?

—Si alguien cae, si alguien cae..., anda que... otro listo. ¿Flotadores?

Así que el rey se dedicó a pensar por sí mismo y lo que hizo fue mezclar las dos ideas. El duque concentraría unas fuerzas en la costa flamenca, lista para embarcar; Santa Cruz prepararía una flota de combate en Lisboa para luchar contra los ingleses y transportar tropas. Luego, la Armada se reuniría con el ejército del duque, dándole escolta hasta el lugar elegido para el desembarco, cerca de la boca del Támesis. Una vez tomaran tierra las tropas, el marqués aseguraría su retaguardia y sus comunicaciones por mar. De este modo todo parecía perfecto para invadir Inglaterra. Había nacido el proyecto de La Felicísima Armada.

VAMOS, QUE NOS VAMOS

El duque de Parma ya le había dicho a Felipe II cuáles eran sus planes y que para que tuvieran éxito se necesitaban tres condiciones fundamentales: el secreto, la seguridad frente a Francia y la tranquilidad de los Países Bajos.

El secreto fue difícil de guardar. Un taxista holandés, que fue testigo de los acontecimientos, nos relata cuál era la situación: «Allí no hacían más que pasar barcos y soldados y cañones y la madre que los parió, y claro, la gente se preguntaba para qué sería. Una vez yo le pregunté a un soldado y me contestó que es que iban al Desfile de la Victoria, pero como Franco todavía no existía, yo no me lo creí. Así se empezaron a correr las voces de que se armaba una gorda contra Inglaterra, y al final todo el mundo lo sabía. Bueno, todos menos un amigo mío que estaba siempre borracho y no se enteraba de nada.»

Felipe II pensó que no era tan malo que no se mantuviera el secreto; así, a lo mejor, le entraba el tembleque a Isabel de Inglaterra y se iba por las patas abajo.

Lo de la neutralización de Francia era por miedo a que entrara en guerra en favor de Inglaterra, porque la reina Isabel una vez le había dejado dinero para un taxi al rey galo y, claro, estaba en deuda con ella. Además, existía la posibilidad de que los franceses tratasen de invadir los Países Bajos. Así que Felipe II preparó, utilizando a Bernardino de Mendoza, embajador español en Francia, un golpe de estado, que se produjo, aprovechando que estaban un poquillo revueltos, el 12 de mayo de 1588. Con esto Francia dejaba de ser un obstáculo para la empresa de Inglaterra.

Lo más difícil iba a ser lo de los Países Bajos. España no tenía ningún puerto con las aguas lo suficientemente profundas como para albergar a la Armada. El duque de Parma sostenía la opinión de que era muy importante conquistar alguno, como por ejemplo Flessinga, antes de emprender la acción contra los ingleses. El rey parecía tener otras ideas, y si no, vean la conversación que se produjo entre ambos:

—Mi rey, que los barcos no pueden estar en esos puertos.

—Pues tienen que estar.

—Pero alteza, si es que no son lo suficientemente profundos.

—Coño, pues cavar para que lo sean.

—Con mis debidos respetos, majestad, eso es una idiotez.

—Farnesio, no te pases, que soy el rey.

—No, si ya, pero es que no se puede.

—Pues yo ya tengo todo listo y no lo retraso. Imagínate Farnesio, tengo hecha toda la publicidad en vallas, prensa y todo, hasta está buscado el *sponsor*. Ya no puedo retrasarlo más.

—Usted verá, majestad, pero como no limemos la quilla de los barcos...

—Pues se liman, Farnesio, se liman.

Así que el duque debería apañárselas como pudiera

para embarcar a sus hombres en Dunquerque y conducirlos hasta alta mar para reunirse allí con la Armada de Santa Cruz.

A pesar de que en los astilleros españoles se trabaja a marchas forzadas, todo parecía indicar que la empresa no iba a estar lista para la primavera, como quería el monarca. Y así fue. Además, para empeorar las cosas el pirata Drake, enviado por Isabel, cayó por sorpresa sobre la bahía de Cádiz quemando y saqueando más de una veintena de navíos. De todos modos, como Isabel sabía que España preparaba la invasión, recomendó a Drake que aquello pareciese una aventura personal y que a ella no la mezclasen en el asunto, ya que intentaba por todos los medios evitar la guerra que se avecinaba. Por eso cuando un empleado del gabinete de Relaciones Públicas del palacio de Felipe II llamó a Isabel, ella se hizo la sueca:

—Doña Isabel, no ha tenido ninguna gracia lo de Cádiz.

—No sé de qué me habla, caballero. Yo no he estado nunca en Cádiz.

—Usted no, pero el piratita ese que viene de su parte sí, y es un poco bestia la criatura.

—¿De mi parte?

—Sí, sí, de su parte, o es que se cree que somos tontos.

—Por favor, no me haga contestar a eso. Además, él fue por su cuenta.

—¿Ah, sí?

—Sí, y si no pregúntenle por la bronca que le eché al llegar. Yo le dije que no viniera más tarde de las diez y llegó a las tantas. Y cuando le pregunté que dónde había estado me lo contó, pero yo no sabía nada.

De todos modos Isabel no estaba tan indefensa en el mar. Contaba con una flota modernísima, que Hawkins se había encargado de ir construyendo y preparando.

Durante el otoño de 1587 Felipe II estuvo muy nervioso. Parecía que toda la prudencia de la que había hecho gala hasta entonces se le hubiera quedado colgada del pasado. Sólo pensaba en lo de su Armada. Un ayudante suyo nos relata que el rey se comía las uñas constantemente y por eso tuvo que untárselas de guindilla. No se concentraba en nada. Una vez, jugando al ajedrez, se dio jaque a sí mismo y cuando su contrincante se lo hizo notar Felipe II se puso muy molesto y le dijo que él era rey y daba jaque como quería, a quien quería y con las fichas que quería y que si le daba la gana le pegaba un puñetazo.

Mandaba cartas constantemente al marqués de Santa Cruz, a Lisboa, para averiguar el estado de los preparativos. He aquí el extracto de una de ellas:

> Santa Cruz, me tienes en un sinvivir. ¿Qué pasa con la Armada? Mira que como no esté lista rápido te monto en un bote con una lanza y te mando a invadir Inglaterra a ti solito.
>
> FELIPE II

La flota con la que había soñado Santa Cruz distaba mucho de ser la que había conseguido reunir.

Uno de los encargados de conseguir embarcaciones para la Armada nos relata el trance en el que se encontró cuando fue a comprar un barco:

—Buenas tardes, vengo a comprar un barco para la guerra.

—Pues mire precisamente tenemos uno de segunda

mano que está estupendo, con todas las revisiones hechas y con muy pocos kilómetros. Es éste.

—Pero oiga. Esto no es un barco.

—Sí, sí. Es un barco, lo que pasa es que es un modelo poco visto aquí.

—Y ¿cómo es que lleva ruedas?

—¿Ruedas, qué ruedas?

—Oiga, pues esas ruedas.

—¡Anda! Pues no sé. Ayer no estaban ahí.

—¿Y los caballos?

—Pues, hombre, para tirar del barco.

—Bueno, vale. Me lo quedo.

Y así, poco a poco se fue formando la flota más impresionante que habían conocido los mares.

Farnesio estaba listo con sus tropas en los Países Bajos, pero no podía enviarlas a Inglaterra sin la escolta de la Armada. Y los continuos retrasos, las deserciones y las muertes mermaron las tropas reduciéndolas casi a la mitad de los efectivos del verano anterior.

Mientras, en Lisboa los preparativos se hacían cada vez más frenéticos. Justo una semana antes de que estuviesen listos para zarpar, el marqués de Santa Cruz cayó enfermo y falleció sin poder llevar a cabo la empresa que tanto había deseado.

El rey tuvo que sustituir a Santa Cruz y pensó en don Alonso de Guzmán el Bueno, duque de Medina Sidonia y capitán general de Andalucía, que al ser miembro de una de las familias más ilustres de Castilla parecía perfecto para el cargo sin que se pudieran herir susceptibilidades. Lo único malo era que de agua sabía poco.

—A ver Alonso, tú del mar cómo andas.

—Hombre, majestad... Como sabe, veraneo todos los años en Santa Pola.

—Ya, pero del mar, ¿qué sabes?

—Pues que es mu grande y eso.

—Sí, pero si tuvieras que dirigir una batalla naval, ¿qué harías?

—Ir con mucho coraje, mi rey, con mucho coraje.

—Vale, admitido.

Cuando el duque de Medina Sidonia llegó a Lisboa para hacerse cargo de lo de la Armada encontró un caos impresionante. El armamento y los víveres habían sido arrojados atropelladamente sobre las cubiertas y allí no había quien encontrara nada. Precisamente uno de los marineros nos comentaba el otro día que él perdió el único cromo que le faltaba del álbum de la Bella y la Bestia y luego lo encontró todo descolorido en una ración de judías.

Para imponer un poco de orden y concierto, el duque comenzó a formar un consejo militar con sus tres jefes: Pedro de Valdés, Miguel de Oquendo y Juan Martínez Recalde, que luego jugó en la Real Sociedad convirtiéndose en titular indiscutible.

El de Medina Sidonia consiguió duplicar el armamento y la munición, mejoró el emplazamiento de los cañones, pero aun así escaseaban las piezas de largo alcance: las culebrinas y medias culebrinas. Como la partida se iba retrasando, las deserciones eran cada vez más numerosas y los víveres almacenados se iban echando a perder. Uno de los cocineros de un galeón nos narra una rica anécdota: «Un día, entrando yo en la bodega para coger sal, encontré allí a un marinero robando vituallas. Le increpé y él, nervioso, se me abalanzó. Con lo primero que enganché, que fue un chorizo, le di en los dientes y se los rompí todos. Esto da una idea de la dureza del fiambre por aquellas alturas. Ni que decir tiene que los chorizos y salchichones pasaron a formar parte del armamento de asalto de los soldados, a modo de porras.»

Pero con todo y con eso, la apariencia de la flota a finales de abril era indiscutiblemente mejor que la que ofreciera dos meses antes.

Los barcos estaban quedando monísimos. Algunos se empapelaron con detalles de flores, otros se alicataron hasta el techo, se cambió la grifería y en los más importantes se instaló moqueta de lana, que para la guerra era muy poco sufrida pero quedaba preciosa, preciosa.

El 25 de abril, en medio de una gran expectación, se celebró la solemne ceremonia del estandarte bendito asignado a la Armada, símbolo de la naturaleza sagrada de aquella expedición. La ceremonia tuvo lugar en la catedral de Lisboa y acudió a recogerlo el propio duque de Medina Sidonia junto al virrey de Portugal. En el estandarte figuraba la leyenda: *Exurge Domine et vindica causam tuam* («Alzate Señor y defiende tu causa»). Lo que pasa es que alzarse, lo que se dice alzarse, al final se alzó poco.

El 9 de mayo todo parecía estar listo para que la Armada partiera de Lisboa, pero de repente el tiempo empeoró bruscamente. Desde Portugal hasta los Países Bajos las borrascas venían una tras otra, violentamente. El hombre del tiempo dijo en televisión que se aproximaba otro frente por las Azores, como siempre, y que iba a hacer un tiempecito de cagarse por las patas abajo. Tres semanas más tuvo que permanecer anclada la Armada en Belem. Uno de los jefes nombrados por el de Medina Sidonia mantuvo la siguiente conversación con el cabecilla del sindicato de marineros:

—Pues hay que salir, pero ya.

—Nosotros no nos movemos de aquí, que hace mucho frío.

—Pero bueno, ¿es que hablo en chino?

—Según el estatuto, cada marinero y soldado tiene derecho a una parca coreana o trenca, bufanda y guantes, que luego nos pilla el temporal y a ver qué pasa.

—¡Coño con los comunistas éstos, es que siempre estáis con la misma canción!

—Usted verá lo que hace, pero estamos dispuestos a organizar una manifestación y una huelga indefinida si no se atienden nuestras reivindicaciones.

—Nada, hijo, nada, nos quedamos, no vaya a ser que os constipéis.

Felipe II aprovechó para concretar los planes de acción con su capitán general.

—Mira, vosotros salís hacia el Canal de la Mancha.

—¿Por barco?

—No, andando. Pero tú en qué mundo vives, chico.

—Es que en La Mancha no hay mar. Creo.

—Que no es esa Mancha, Alonso, que ésa es otra.

—¿Y dónde está ésa, majestad?

—Pues en el mar, coñe. ¿Cómo vas a luchar contra los ingleses en Albacete, no te das cuenta que eso no puede ser?

—Si su majestad lo dice, será así.

—Pues eso. Os trasladáis al Canal de la Mancha, en el cabo de Margate os reunís con el duque de Parma y cubrís su travesía. Y luego lo que tienes que hacer es asegurar las líneas de abastecimiento con Flandes. ¿Has entendido?

—Creo que sí.

—A ver.

—Yo me voy a la Mancha y cuando vea al duque de Margate le cubro las líneas y me voy a Flandes.

—Muy bien, muy bien, hijo. Anda, vete a dar una vuelta y luego vuelves aquí, ¿eh? ¡Hala, corre criatura!

El 25 de mayo, con su nave insignia a la cabeza, el *San Martín*, la Armada Invencible levó anclas rumbo a la gloria.

Trece días después sólo habían llegado hasta La Coruña. Nueve días después se esperó a que llegaran más barcos. Para colmo, se desató una tormenta y numerosos navíos se desperdigaron y quedaron para el arrastre.

El de Medina Sidonia llamó al rey:

—Majestad, que fíjese cómo estamos.

—A mí no me cuentes películas, Alonso, zarpa como estés.

—Pero si es que estamos fatal, mi señor, y todos despeinados por el viento y todo. ¿Qué van a decir los ingleses cuando nos vean llegar?

—Que digan lo que quieran, pero tú zarpa.

El 21 de julio la Armada zarpaba de nuevo ya completamente restaurada. El día 26 el tiempo volvió a empeorar y durante la noche la tormenta hizo que se perdieran de vista casi medio centenar de barcos. El de Medina Sidonia estaba que se tiraba de los pelos.

—Pero, ¿dónde están?

—No sabemos mi capitán. Ya hemos puesto un aviso de socorro en Radio Nacional, pero nadie da señales de vida.

—De verdad es que ponemos un circo y nos crecen los enanos.

—¿Vamos a poner un circo, mi capitán?

—Anda, quítate de mi vista, idiota.

El 30 de julio volvían a reunirse todos los barcos que habían zarpado de La Coruña, menos cinco. Luego los ingleses han ido contando por ahí que ellos habían capturado las galeras que se perdieron, pero para nada, que lo que pasó es que se habían destrozado contra las costas por el temporal. Así que, que no sean tan listos.

QUE VIENEN, QUE VIENEN

El 29 de julio, Thomas Fleming dio aviso de la Armada que había avistado mientras patrullaba por el Canal de la Mancha. Cuenta la leyenda que cuando Drake fue informado se encontraba jugando una partida de bolos y que dijo: «Tenemos tiempo de acabar la partida. Luego venceremos a los españoles.» Pero lo cierto es que a pesar de su flema fue al cuarto de baño seis veces en una hora.

Al amanecer del día siguiente los ingleses habían lanzado a la mar cincuenta y cuatro barcos con el *Ark Royal* a la cabeza. Aquella misma mañana del sábado 30 de julio, cuando ya los ingleses habían salido de Plymouth, la Armada española todavía no se había adentrado en el Canal porque no sabían si avanzar hasta encontrarse con el de Parma o atacar el puerto de donde salían los británicos. Se decidió lo primero. A bordo del *San Martín* se produjo la siguiente conversación entre los miembros del Consejo Militar:

—¿Qué hacemos?

—Atacar, creo yo.

—Por qué no damos la vuelta y decimos que no hemos encontrado Inglaterra.

—No seas cobarde, Valdés, que pareces una gallina. No llores hombre, que era una broma.

—Entonces, qué hacemos.

—Avanzar, avanzar hasta que encontremos al de
Parma.

—Es que deben ir pisando huevos.

—Pero, ¿a qué hora quedamos con él?

—A las siete.

—Jo, pues son las nueve y media.

—A lo mejor ha estado esperando y como no vería-
mos se ha ido.

—No creo. Venga, vamos hasta la isla de Wight y
si no llega allí, nos vamos.

—Vale.

—Y tú deja de llorar Valdés, que era una broma,
tonto.

Al amanecer del día siguiente el viento cambió de
dirección, de modo que ahora iba a favor de los ingleses. El capitán general de La Felicísima Armada se estaba empezando a poner nervioso.

—Vamooos, ahora que estaba todo a nuestro favor...
¡Los peluqueros, los peluqueros! Que cambien la raya
del peinado a todos los marineros hacia el otro lado,
¡rápido! ¡Qué desastre, Dios mío, qué desastre!

Y para colmo, la flota inglesa era más ligera y podía maniobrar con más rapidez. El de Medina Sidonia,
temiendo un ataque inmediato, hizo formar a la flota y
todos los barcos se dispusieron en la famosa formación
de media luna, que en la hora que se le ocurrió la
ideíta.

Ambas flotas se divisaban y no se sabe a cuál de
ellas le daba más canguelo la contraria. Los ingleses
pensaban:

—*Oh, my God! They are going to give us to the hair* («Dios mío, nos van a dar pa el pelo»).

Los españoles pensaban:

—¡Qué destreza, qué rapidez, qué poder el de su primera línea, nos van a brear!

A LA CARGA MIS VALIENTES

Eran las nueve de la mañana del día 31 de julio de 1588. El duque de Medina Sidonia hizo alzar su pendón en el palo mayor de su embarcación:

—Alzad el pendón.

—A la orden.

—Pero qué hacéis idiotas, subiendo a un marinero...

—Usted ha dicho que alcemos al pendón y éste es el más pendón de todos.

—Digo el estandarte, la bandera. Tú te crees que así se puede ganar a alguien, con esta panda de merluzos.

Su pendón mandó alzar el lord almirante de Inglaterra:

—*Come on!*

—*Yeah!*

—*Come on!*

—*Yeah!*

—*But, what are you doing?*

—*Singing with you, my lord!*

—*Oh, it sounds silly to me. Come on, the drap, quickly!*

La señal para empezar el combate estaba dada.

La Armada española en media luna, la inglesa en hilera, un barco tras otro, dispuesta a lanzarse contra el extremo norte de la formación española. Comenzaron a intercambiarse andanadas, los ingleses se mantenían

siempre a distancia. Uno de los dos flancos fue atacado por un grupo de barcos ingleses comandados por Drake. El encargado de defenderlo era Juan Martínez Recalde, que hizo girar su galeón para hacer frente al ataque desobedeciendo las órdenes y provocando a los ingleses en solitario. Mientras esto sucedía, se le oyó gritar en cubierta: «Venid, venid, insensatos, que vais a ver lo que somos los Recalde.»

Durante una hora la Armada española soportó las acometidas inglesas, que se pusieron en fuga cuando vieron llegar el resto de los barcos vizcaínos. Alrededor de la una de la tarde, los británicos abandonaron la lucha. Medina Sidonia les persiguió durante tres horas, pero era inútil porque, con el viento a favor, corrían más.

—¡Qué pasa ingleses! ¡Tan valientes, tan valientes, no os marchéis, venid aquí!

Pero se fueron, sabiendo que podían volver a cañonear a los españoles cuando les diera la gana mientras mantuvieran la distancia oportuna, ya que a escasa distancia la Armada Invencible era superior. Las primeras pérdidas de los españoles se produjeron después de la batalla. Dos de las naves más importantes, *San Salvador* y *Nuestra Señora del Rosario,* se fueron al garete. La primera por una explosión de unos barriles de pólvora que había en cubierta y la segunda por chocar, mientras maniobraba, con otra embarcación andaluza. Precisamente de esta última tragedia se guarda una cinta magnetofónica en la que quedó registrada la voz de los capitanes de ambas embarcaciones:

—¡¡¡Dónde va ese tío!!!

—¡¡¡Quita, quita, echaos a un lado, que vamos!!!

—¡Pero a ti dónde te han dao el carné, bestia, que me vas a dar!

—¡Quita, quita, quitaaaaa! ¡Salvad a Curro!
¡Zaaaas!, y se dieron.

—Y, ¿ahora qué?, listo. Saca los papeles del seguro.

—Es que verás...

—Ni verás ni nada, saca los papeles.

—Es que lo tengo a terceros y si pudiéramos llegar a un acuerdo...

—Me parece que ya ni acuerdos ni nada, porque vienen ahí los ingleses y a mí no me arranca el barco.

—¡Jodééééé, ni a mí! Pues la hemos liao.

Y cayeron en manos enemigas.

Fue el martes siguiente cuando tuvo lugar la gran batalla de Portland Bill. Howard, el jefe de los ingleses, se lanzó contra los españoles provocando un impresionante enfrentamiento que se desarrolló en medio de una gran confusión debido al humo cegador y al continuo estruendo de los cañones. Era común escuchar conversaciones como éstas en la cubierta de los barcos.

—No dispares ahí, tío, que ése es de los nuestros.

—Que no, coñe, que el vigía lleva bombín.

—Que no, que es Gómez, que tiene la cabeza muy gorda.

—Pues menos mal que me lo has advertido, si no le pego un chicharro que le dejo frito.

Cuando a mediodía la batalla tocaba a su fin, el resultado de la misma no satisfizo ni a unos ni a otros. Los españoles se habían dado cuenta de que no podían dar alcance a los ingleses porque eran más rápidos y así nunca les abordarían, y los ingleses clamaban al cielo porque no habían sido capaces de mermar los efectivos españoles. De este modo, la Armada Invencible seguía su majestuosa travesía por el Canal. De todos modos iban despacio porque, sobre todo uno de los barcos, el *Gran Grifón*, al mando de Juan Gómez de Medina, era tan grande y pesado que retrasaba la marcha del resto. El de Medina Sidonia se desesperaba:

—¡La madre que parió al gordo ése!

—Es que no puede correr más, mi capitán.

—Pues que se bajen y empujen.

—Buenooooo... imposible, no tienen flotadores y además ahora vamos cuesta arriba.

—Pero cómo vamos a ir cuesta arriba en el mar...

—Bueno, y yo qué sé.

Las naves españolas iban camino de Calais. Medina Sidonia escribió al duque de Parma para que estuviera listo con sus tropas para embarcar. He aquí una copia de la carta:

> ...así que, mi querido duque, sin más preámbulos le digo que vayan metiendo en los macutos las mudas y todo, porque llegamos enseguida y luego no quiero que me diga que si se nos han olvidado los cañones o que no ha sonado el despertador o que había atasco. Un saludo y un abrazo. Por cierto, si no fuera mucha molestia me gustaría que me comprara en tierra unas zapatillas de deporte porque estas botas me están matando. Si puede ser, de ésas que llevan bolsa de aire en la suela, que molan mucho. Gracias anticipadas.

Ambas flotas volvieron a pelear en un par de ocasiones, pero siempre a distancia porque los ingleses querían evitar el cuerpo a cuerpo. El miércoles, los ingleses decidieron adoptar una formación más disciplinada y dividieron sus fuerzas en cuatro escuadras. Al día siguiente volvieron a atacar justo cuando los españoles estaban a punto de desembarcar en la isla de Wight. Su objetivo era obligarles a alejarse de la isla. Los españoles tuvieron que volver mar adentro, lo que significó una victoria para los británicos.

Medina Sidonia estaba muy enfadado y ni comía ni nada. El camarero de éste, que ahora vive jubilado en Trujillo, nos relata el estado del capitán:

«Como vio que no podíamos desembarcar y que tendríamos que ir hacia el estrecho de Dover, que era muy peligroso, estaba de un humor de perros. Yo le llevé al camarote un plato de arroz con tomate y él me dijo que no quería comer y entonces...

—Que no, que te lo lleves.

—No, no y no. Tiene usted que comer algo, mi capitán, que se va a quedar en los huesecitos.

—No.

—Venga, ésta por papá...

Y me dio una colleja y me dijo que si me creía que era tonto.

Yo le dije que sí, y fue cuando ordenó que me tiraran por la borda. Menos mal que el marinero encargado de hacerlo era amigo mío y no me tiró. Desde entonces pasé el resto del tiempo disfrazado de cañón y haciendo "Pum" cada vez que intentaban dispararme.»

Aunque las bajas de hombres no eran muy importantes, el panorama no se presentaba demasiado halagüeño. Nada sabía Medina Sidonia del duque de Parma, le esperaba un mar traicionero y para colmo, aunque le quedaba pólvora de sobra, le faltaban balas para los cañones. Decidió entonces ir hacia Calais.

Así se hizo. Los españoles estaban dispuestos a es-

perar el tiempo que fuera necesario para recoger al duque de Parma y restablecer su disposición para el combate. Se mandó a un embajador a tierra para pedir a las
autoridades francesas apoyo. El gobernador de Calais
le dijo lo siguiente:

—Sí, hombre, sí, como si estuvieran en su casa.
Compren lo que quieran y además aquí tienen unas cuar-
tillas de cupones Hogar para que las rellenen con los
boletos que les den en las tiendas y así luego las puedan
canjear por vajillas, muñecos de peluche, muñequitas
legionarias, cubiertos-pinza o lo que quieran.

—Gracias, pero lo que necesitábamos eran balas y
eso.

—¡Huy, balas... no tenemos!

—Oiga, que sí tienen, que las hemos visto.

—Pero si eso no son balas, tonto, eso son suposito-
rios gordos.

—Entonces, ¿balas no hay?

—Hombre, así entre nosotros... sí, pero las necesitamos para defendernos.

—¿De quién?

—De los malos.

—¿Cómo que de los malos? Si los malos siempre
han sido ustedes, los franceses.

—Bueno, pues de los buenos o de alguien.

—Entonces balas, lo que se dice balas... ¿no tienen?

—No.

Medina Sidonia estaba hecho polvo. No sabía nada
del duque de Parma y la flota, anclada en Calais, era un
blanco perfecto para el ataque enemigo. Sabía que los
ingleses estaban en perfecta disposición de arremeter
contra ellos con los «brulotes», que no eran otra cosa
que embarcaciones lanzadas contra el enemigo e in-

cendiadas a propósito. En la madrugada del 7 al 8 tuvo lugar el tristemente esperado ataque. Un marinero llamado Tomaso Tavento vio los brulotes a lo lejos y dio la voz de alarma:

—¡Capitán, capitán, mire qué bonito!

—¿Qué pasa Tomaso?

—Hay fuegos artificiales en el mar, como en mi pueblo.

—Sí, rico, sí. ¡Hala, vete a dormir, bonito, que mañana hay que levantarse prontito!

—Espere un poco mi capitán, que son mu bonitos.

—¡¡¡Leches, si son los brulotes!!!

—¿Los conoce? Pues dígales que se vengan más cerca.

—¡Calla, Tomaso, que me tienes hasta la coronilla, y da la voz de alarma!

—¿Y qué digo?

—Despedido Tomaso, estás despedido.

Los temidos brulotes causaron un gran daño, de tal modo que, con las amarras rotas, empujados por la corriente y el viento, que iba en aumento, un montón de barcos españoles fueron arrastrados hacia las arenosas costas de Flandes.

Los brulotes ingleses fueron diseñados por el ingeniero italiano llamado Giambelli, que trabajaba para la reina Isabel y que sería muy listo, pero le olían un rato los sobacos, que eso no lo ha dicho nadie.

Al amanecer, los ingleses aprovecharon para arremeter contra la desperdigada flota española. Sólo el *San Martín*, acompañado por otros cuatro galeones, pudo hacerles frente. La escuadra de naves, capitaneada por Howard, se dirigió contra la *San Lorenzo*, que terminó embarrancada mientras su capitán, Hugo de Moncada, la defendía con uñas y dientes. Pero por culpa de algún inglés que con muy mal genio le dio un golpe, Moncada murió, ocasión que aprovechó el resto de la tripulación para huir, calzonazos. A ellos se dedicó la siguiente canción, que luego popularizó la gran cantante María Luisa Pus:

Moncada, Moncada,
el capitán don Moncada.

Moncada tenía un grumete
pequeñito y cabezón
que al ver a su jefe muerto
el gallina se piró,
y aunque ya no estaba vivo
se oyó decir a Moncada
no me hagas esto cobarde,
menuda mariconada.

Moncada, Moncada,
el capitán don Moncada.

La mañana del 9 de agosto las cosas empeoraron más, si cabe. El viento de noroeste era tan fuerte que impedía al resto de la Armada llegar hasta alta mar y lo más probable era que terminaran embarrancados en las costas de Zelanda. Así que Medina Sidonia dijo que era mejor luchar hasta el final y que fuera lo que Dios quisiera. Tan sólo tenían ya armas blancas y cuatro o cinco tonterías más que mataban poco, pero el jefe mandó girar e ir en busca del enemigo. Lo que pasó es que los ingleses no dieron la cara y se mantuvieron a distancia. Poco después, uno de los soldados españoles declaró a la revista *Casas y Jardines*: «Ahí demostraron los ingleses que estaban muertos de miedo. Llego yo a pillar un barco por banda y, aunque sólo tenía para defenderme unas gafas de pasta dura, les habría dado una somanta a los ingleses que ya hubiéramos visto si habrían ganado ellos o nosotros. Lo que pasó es que se rajaron.»

De pronto, el viento cambió súbitamente de dirección, pero tan rápido que a punto estuvieron los españoles de embarrancar en la arena. Gracias a la pericia marinera, lo evitaron y pudieron salir de nuevo a alta mar.

Ambos bandos, llegado este punto, tomaron sus decisiones. Los ingleses decidieron continuar tras los españoles hasta machacarles. Los españoles darse el bote para que no les machacasen. Reproduciremos aquí una conversación de esta reunión en la que el duque de Medina Sidonia decide volver a la península:

—Bueno, ¿qué hacemos ahora?

—Yo no es que tenga miedo, qué tontería, lo que pasa es que conociendo al rey, yo daba la vuelta, porque con lo cuidadoso que es él para sus cosas, cuando vea que hemos perdido más de la mitad de sus barcos y que el resto los tenemos para el arrastre, yo casi prefiero irme y darle los que nos quedan, que siempre podrán servir para un museo, o algo.

Las dos flotas continuaron navegando hacia el norte hasta el 12 de agosto, cuando los ingleses, cansados y ya sin reservas de té, decidieron dar la vuelta y dejar a los españoles tranquilos. Medina Sidonia les vio alejarse y dijo: «Mírales, qué cobardes. Huyen como ratas.» En ese momento su hombre de confianza le dio unos golpecitos en la espalda y le mandó a la cama.

A todo esto, ¿qué fue de Farnesio? Pues que se puso nerviosísimo esperando a la Armada. Un señor que estuvo con él y que se llama Marcelino nos contó una conversación mantenida con el duque poco antes de que partiera de vuelta a Brujas:

«Era ya tarde, las ocho o las nueve de la noche. El duque estaba sentado en el muelle de la bahía, como el de la canción, comiéndose las uñas y apurando la colilla de un cigarro habano. Repetía constantemente: "Si ya lo decía yo, que esto no podía salir bien, que iba a ser una ruina."

Yo me acerqué por detrás y, como siempre he sido muy bromista, le di un susto y el duque se cayó al agua. Ya de nuevo arriba y recuperado, me pegó un puñetazo en el estómago y nos sentamos tranquilamente a charlar.

—¿Cree usted que vendrán?

—Yo creo que con las horas que son, ya no.

—Pues podían haberlo dicho antes, porque fíjese qué trastorno, que hay soldados a los que ni siquiera dio tiempo a avisar en casa.

—Eso no es nada, Marcelino. Lo mío sí que es trágico. Creo que me dejé unas judías en la lumbre.

—¡¡¡No!!!

—Sí, Marcelino. Es verdad.

—Y qué va a hacer usted, señor duque.

—Volver, y si llegan lo siento mucho, yo no puedo esperar más. Un plantón así no se le da a nadie.

Y se fue a casa.»

El regreso de lo que quedaba de la flota española fue lamentable. Las embarcaciones, en pésimo estado la mayoría, con sus hombres hambrientos, débiles, los que no heridos o enfermos, iban arrastrando su calamidad rumbo a España. Muchas de ellas no resistieron el viaje de vuelta, ya que no pudieron aguantar lo bravío del mar y el tiempo cada vez peor. En las costas de

Irlanda, numerosos navíos españoles naufragaron y los soldados y marineros que no perecieron ahogados y consiguieron llegar a tierra inglesa fueron perseguidos y asesinados por los soldados de la reina Isabel.

Medina Sidonia, enfadadísimo con la derrota se enfurruñó y comenzó a acusar a muchos de sus capitanes de haberle desobedecido cuando había mandado, al final de la aventura, arremeter contra la Armada inglesa.

Un testigo narra el episodio:

«Hacía un frío que pelaba. Medina Sidonia reunió el consejo y comenzó su perorata:

—A ver, ¿por qué no me habéis hecho caso?

—Jolín, es que ya no había nada que hacer.

—¿Cómo que no? Hasta el rabo todo es toro, señor mío.

—No lo entiendo.

—Ah, ¿no? Pues te vas a cagar, porque te voy a ahorcar.

—¿A mí, por qué? Si yo no he hecho nada.

—Pues por eso. Y vosotros, ¿qué miráis?

—Nada.

—¿Nada? Pues a la horca también.»

Y de este modo Medina Sidonia sentenció a veinte de sus capitanes sediciosos. Y se quedó tan pancho.

Después de dos meses de travesía el *San Martín* era el primer barco en llegar a Santander. Semana tras semana fueron haciéndolo el resto de los barcos. De un total de ciento treinta que habían zarpado en julio, tan sólo regresaron sesenta y seis y en un estado tristísimo. Cuando la gente preguntaba por los puertos: «¿Cómo hemos quedado?», los soldados y marineros se limitaban a contestar: «Ya os enteraréis por la prensa.»

Una vez en Santander, el duque de Medina Sidonia

intentó, ya no sólo vencido en batalla, sino física y moralmente también, organizar a la población para el desembarco de los marineros enfermos y heridos que iban llegando a puerto y que, en número muy elevado, morían en las cubiertas de sus propios barcos. Por fin, Felipe II le autorizó a marchar a Sanlúcar, su pueblo, sin necesidad de presentarse a él para comunicarle lo sucedido. He aquí un extracto de la carta del rey a Medina Sidonia:

> Anda, vete, que menuda la has hecho. Ya sé que fuiste bravo y que tu pericia consiguió devolverme al menos algunos barcos, dado lo difícil de la travesía de vuelta, pero ya me contarás qué digo yo ahora a todo el mundo...
>
> (...) Mira, consuélate, porque por lo menos entre Isabel y yo hemos creado el juego de los barquitos y lo he registrado a tu nombre, así que algo sacarás por derechos de autor...
>
> (...) Cuando puedas, ven por la Corte, que la última vez que viniste te dejaste las gafas.
>
> Un abrazo,
>
> FELIPE II

Y así quedó para los tristes anales de la historia de España, la aventura de La Felicísima Armada, que, gracias a Dios, fue vengada en 1991 cuando el Atlético de Madrid eliminó al Liverpool en la Recopa.

Gibraltar

Gibraltar no se puede considerar español hasta el 20 de agosto de 1462, día en que fue finalmente conquistada a los benimerines. Previamente ya se había intentado ganar para la Corona de Castilla en algunas ocasiones con el siguiente éxito: ninguno.

El, por aquel entonces, alcaide de Tarifa, Alonso de Arcos, tuvo conocimiento de la mala situación de las defensas de la ciudad, informando de ello al duque de Medina Sidonia, don Juan Alonso de Guzmán, al conde de Arcos y a los Concejos de la comarca. El camarero de la taberna donde se reunieron nos ha relatado, por un módico precio, la conversación a través de la cual Alonso de Arcos contó lo que pasaba:

—Pues ya les digo señores, si atacamos ahora, nos los comemos con patatas.

—¿Cómo nos los vamos a comer? Eso es triple pecado mortal.

—No seas burro, Juan Alonso, que es un decir. Lo que digo es que no defienden nada. Están todo el día mirando a las musarañas y jugando a los chinos. ·

—¿Es que hay chinos en Gibraltar?

—Mira, Juan Alonso, tú no vienes.

—Yo quiero ir, yo quiero ir —gimoteaba entre sollozos el duque de Medina Sidonia.

Y así decidieron atacar la plaza. Tras un brevísimo asedio, Gibraltar capituló. Llevaban doce minutos asediando la plaza cuando alguien gritó desde las murallas: «Vale, nos rendimos.»

Una vez conquistado el Peñón surgieron grandes discrepancias entre el conde de Arcos y el duque de Medina Sidonia, ya que ambos exigían los territorios para sí. El rey Enrique IV tuvo entonces que tomar cartas en el asunto. Lo que sucedió cuando ambos litigantes fueron a ver al rey quedó registrado y guardado en lo que hoy son los archivos del Club de Petanca Viuda de Bola, de Toledo, y es de allí de donde lo hemos rescatado para transcribirlo en éste, por otra parte, excelente libro:

«...Daban las diez de la mañana cuando el rey se encontraba saliendo del servicio en el jardín de petanca. El duque de Medina Sidonia y el conde de Arcos se aproximaron hasta él dándose codazos. Tras hacer la reverencia de rigor y el saludo al monarca, pidiéronle que les escuchara. El rey se sentó en un trono portátil que siempre llevaba con él y dijo:

—A ver, ¿qué os pasa?

—Nada —se apresuró a decir el conde—, aquí, que quiere para él Gibraltar y lo justo es que sea mío porque yo fui más valiente durante el asedio.

—Diga que no, majestad —rebatió el duque—, que se tuvo que cambiar la armadura dos veces porque se lo hizo encima.

—Eso es mentira, listo, lo que pasaba es que me apretaba.

—Sí, sí, diga que no, majestad.

—Bueno —concluyó el monarca—, como os veo muy tontitos... ni para uno ni para otro. Para mí.»

Y anexionó Gibraltar a la Corona.

Lo que pasó después fue que Enrique IV se vio inmerso en una guerra civil ante la proclamación en Avila de su hermano Alfonso, y al necesitar apoyo político y obtenerlo del duque de Medina Sidonia, le cedió la plaza. Bajo el gobierno del duque, Gibraltar tomó un cierto auge y se fue poblando más y más, llegándose a convertir en un importante punto mercantil.

Más tarde, los Reyes Católicos apoyaron la tarea llevada a cabo por el duque, al que nombraron marqués de Gibraltar, en 1478. Poco después, el rey de Granada, Muhammad XII quiso conquistar de nuevo el Peñón, pero se quedó con las ganas. A pesar de todo, el conde de Arcos, don Rodrigo Ponce de León, seguía dando la murga con el temita de querer quedarse él con el territorio. Los Reyes Católicos intentaron entonces y en algunas ocasiones más, que el de Medina Sidonia les devolviera Gibraltar, pero éste y a su muerte su hijo, decían que rascas. Por fin, en 1501, el duque se plegó a las decisiones de los monarcas y se quedó sin su Gibraltar del alma.

En 1535 fue nombrado alcaide de Gibraltar Alvaro de Bazán, marqués de Santa Cruz y fue él quien hizo que la plaza tomara una gran importancia, construyendo un gran mercado urbano y obligando a sus naves a pasar el invierno allí aprovechando su condición de capitán general de la Armada. Pero cuando, en primavera, los barcos volvían a hacerse a la mar en el Mediterráneo, Gibraltar quedaba completamente desprotegida y a expensas de ser asaltada en cualquier momento. De esta época es la anécdota que nos relata don Armando Adistancia, hoy frutero en el mercado central de Cádiz:

«Era yo un chaval cuando, jugando con unos amiguitos junto a la muralla de la ciudad de Gibraltar, nos empezamos a tirar piedras unos a otros. El Joselín, uno de nosotros, que destacaba por lo bestia que era, arrojó una piedra con tal fuerza que saltó la muralla por encima. Fue entonces cuando una voz desde dentro de la ciudad gritó: "Nos rendimos." Entonces entramos dentro como auténticos conquistadores. Cuando se dieron cuenta de que éramos nosotros los autores de la fechoría y se lo dijeron a nuestros padres, éstos nos castigaron sin merendar durante un mes (...).»

Esta anécdota da una idea de lo desprotegido que quedaba el Peñón cuando la Armada desaparecía de allí.

En septiembre de 1540, los piratas berberiscos de Orán llegaron por sorpresa y asaltaron Gibraltar. Los muy animales pasaron a cuchillo a la mayoría de la población y después saquearon la ciudad entera. Durante años, Gibraltar permaneció completamente indefensa, siendo víctima de las incursiones de los piratas cada dos por tres.

Del 3 de octubre de 1551 data la situación que les exponemos a continuación y que se produjo en una barbería de la ciudad a las doce del mediodía:

«... Tras un estrépito, la puerta de la barbería se abrió de golpe y cuatro piratas entraron, cuchillos y espadas en ristre, dispuestos a destrozar todo y llevarse la caja.

—Coñe, ¿otra vez ustedes?

—Venga, todos contra la pared o les pasamos a cuchillo.

—¡Qué pesaos! ¿Por qué no se van a asaltar otro sitio?

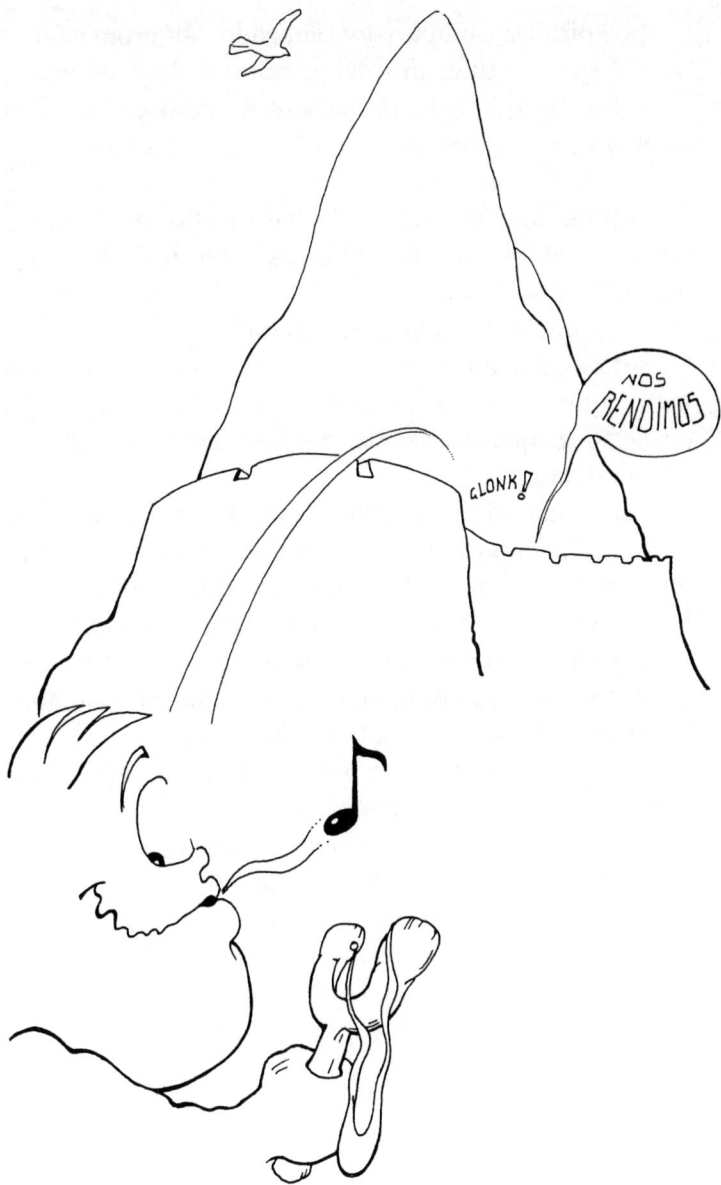

Los piratas, un tanto avergonzados, dijeron:

—Es que aquí es más fácil, como no hay defensa...

—Sí, claro —dijo el barbero—, pero es que van quince veces este mes...

—Ande, dénos algo.

—¡Que no, que me tenéis harto! ¡Tanto asaltito y tanta leche! Si sois tan valientes y tan malvados por qué no asaltáis en Inglaterra...

—Es que allí se enfadan mucho.

—Pues aquí también. ¡Hala, ya podéis iros con viento fresco, gandules, golfos, que no se os cae el cigarrillo de la boca, que no hacéis más que sinvergonzonear! ¡Fuera de aquí!»

Esta situación se acabó cuando Felipe II, dándose cuenta de la importancia estratégica de la plaza, se tomó más interés y comenzó a construir edificaciones y defensas. De este modo, la población ascendió y también la importancia del lugar de cara a la Corona. En 1560 Gibraltar tenía ya mil seiscientos vecinos y tres alemanes más en verano que iban de vacaciones.

El siglo XVII supone un periodo de tranquilidad para la Roca, tan sólo roto por las aisladas incursiones de los piratas turcos y el enfrentamiento con las naves holandesas e inglesas que cruzaban el estrecho.

Con Felipe III de nuevo comienza una época de decadencia de Gibraltar, junto con todo el resto del imperio. Y es que nos iba de mal en peor. Para que se hagan una idea, la Vuelta Ciclista a España, que en la época de Felipe II duraba dos años y medio, dada la cantidad de territorios que había que recorrer, tenía ahora una duración de tan sólo un mes. Tal era la triste decadencia y la realidad de lo que fuimos y en lo que nos estábamos convirtiendo. Además, hay que añadir a esto una gran epidemia de peste que azotó la ciudad entre 1640 y 1650. No había quien paseara por las calles. El testimonio de don José Pultura, enterrador de la ciudad, nos viene al pelo para demostrar cuál era la situación: «(...) mi mujer contrajo la terrible enfermedad y yo, tan sólo para dar mayor auge al negocio, la enviaba de visita de casa en casa y así los habitantes de Gibraltar iban cayendo como chinches. Gracias a ella y a la peste, pude ganar lo suficiente para comprarme un apartamentito en Torrevieja, donde después de que todo pasó, me retiré a vivir con mi hijo y un señor, que todavía no sé quién es».

UTRECHT, UTRECHT, TU LO QUE QUIERES...

En el año 1700 moría sin sucesión el desdichado Carlos II de España. El monarca no ha pasado a la historia, precisamente, por su creatividad e inteligencia, aunque, bien es verdad, que una vez consiguió hacer un *puzzle* de diez piezas él solo en menos de una semana. El caso es que muerto el rey y habiendo dejado en testamento que su corona debería pasar al duque de Anjou, nieto de Luis XIV de Francia, existía otro pretendiente que venía dando el coñazo ya desde antes de que Carlos II dejara este mundo cruel. Se trataba del archiduque Carlos de Austria. En este bendito país, en el que no nos ponemos de acuerdo ni para ir al servicio, se crearon dos bandos bien diferenciados. Naturalmente, unos apoyaban a uno y otros a otro. El problema de que el nieto del francés llegara al trono era que Francia adquiriría una importancia impresionante al adjudicarse todo el imperio español y estrangularía el potencial marítimo y comercial anglo-holandés, lo que también supondría la hegemonía en el continente. Luis XIV llegó a reconocer, en el transcurso de una entrevista a la revista *El Gran Musical*, que si se confirmaba lo de la herencia del trono español podría entrar a todas las discotecas de Europa sin pagar. Esto sentó muy mal al resto de los europeos y entonces se creó la Gran Alianza contra el país galo. Y así se declaró iniciada la guerra.

Las intenciones inglesas estaban claras desde antes de que muriera Carlos II. Ellos querían adueñarse del Estrecho para controlar el comercio en el Mediterráneo. Primero intentaron llegar a un acuerdo con los franceses a través de sus respectivos embajadores, pero las negociaciones no llegaron a buen puerto. La reproducción de dichas conversaciones está registrada en los archivos de la cafetería Club Selene:

—Con el saludo de su majestad Guillermo III, que dice que a cambio de las plazas de Mahón, Ceuta, Orán y Gibraltar nosotros estaríamos dispuestos a permitir que la corona de España pasara a manos francesas —empezó el embajador inglés.

El embajador francés llamó entonces a Francia y consultó:

—Que dicen que si se lo damos nos dejan la corona española sin oposición.

—Diles que sólo Mahón y Ceuta.

—Que dice mi rey que sólo Mahón y Ceuta.

—Que dice *my king* que si cree *your king* que es imbécil.

El embajador francés volvió a llamar a París.

—Que dice que si se cree que es imbécil.

—Dile que sí.

—Que dice que sí.

El embajador inglés volvió a llamar a su país.

—Que dice que sí.

—Pues dile que *they can go to the bathroom* («que se vayan a cagar»).

Y se lo dijo y entonces no llegaron a un acuerdo y además se fueron bastante moscas.

La guerra de la Gran Alianza contra Francia quedó declarada el 15 de mayo de 1702, San Isidro.

En 1704 el archiduque Carlos, que ya había sido coronado rey en Viena en septiembre del año anterior, tenía entre sus huestes al almirante Rooke, a quien mandó que atacara Cádiz. Pero como no existía apoyo de fuerzas terrestres, el almirante decidió por su cuenta atacar a Gibraltar. Y así lo hizo. Veinte navíos y dos mil hombres desembarcaron y le hicieron llegar un mensaje al gobernador de la plaza, don Diego de Salinas, pidiéndole que se rindiera a la obediencia del archiduque Carlos. Lo que contestó el gobernador se recoge en una misiva enviada por éste al príncipe de Hesse, que mandaba las tropas de desembarco:

> Muy señor mío:
>
> ¿Cómo me hacen estas cosas? ¿No ven que ya hemos jurado fidelidad a Felipe V, que es el otro pretendiente al trono...? Eso se avisa. Ahora no podemos hacer nada. No rindo la plaza, se pongan como se pongan. Y tengan en cuenta que un cuñado mío es policía y como le diga que me están hostigando pueden llegar a tener problemas.

Sí, sí, problemas. En tan sólo tres días de bombardeo desde el mar, los ingleses tomaron la plaza, porque la superioridad era manifiesta. Además los ingleses que desembarcaron se portaron fatal con las mujeres y los niños que se habían refugiado en el convento de Nuestra Señora de Europa y se llevaron el tesoro litúrgico, que hay que tener mala idea.

Al final Salinas dijo «¡Vale, me rindo, pero con condiciones!» Estas quedan reflejadas en un manuscrito, que ahora se encuentra guardado en casa de un señor:

—Muy bien, nos habéis ganado, pero tenéis que prometer que no habrá prisioneros de guerra, que todos los habitantes del peñón tendrán libertad de religión y que si quieren podrán abandonar la plaza.

—¡Vale! —dijeron los ingleses.

Y se quedaron casi solos, porque de los cuatro mil habitantes que se contaban antes de la rendición tan sólo se quedaron setenta. Bueno, realmente sesenta y nueve, ya que a uno de ellos le dejaron aposta, porque era un pesao y nadie quiso llevarle.

Desde este momento Gibraltar tomó una importancia vital en la guerra de Sucesión.

El 24 de agosto, y frente a las costas de Málaga, tuvo lugar el primer enfrentamiento naval para recuperar el Peñón. Cuatro mil hombres de a caballo y de a pie, que es mucho más cansado, estaban dispuestos a recuperar la plaza para Felipe V, pero pese a los bombardeos incesantes desde mar y desde tierra, los nuevos defensores de Gibraltar resistieron como jabatos. Además, las tropas francesas estaban completamente descoordinadas y presididas por la impericia militar. En una película de vídeo doméstico grabada por uno de los soldados de este bando queda patente lo que les acabamos de comentar:

—Mi teniente, ¿tiro la bomba?

—Pero, idiota, si no tienes cañón.

—Y eso, ¿pa qué lo queremos?

—Pues para meter la bomba, hombre..

—Si para meterla ya me he traído de casa esta caja.

—Bueno, anda, pues tírala y que sea lo que Dios quiera.

Y la bomba estalló a dos metros y se cargó a cinco, pero de su propio bando.

Después de este fracaso en el intento de recuperar Gibraltar, los ingleses tenían muy clarito, que llegara a ser Carlos rey de España o no, nunca dejarían escapar el Peñón. Ya lo dijo Methuem, embajador británico en Lisboa por esta época: «No dejaremos escapar el Peñón.»

En 1711, Luis XIV ofreció a los ingleses negociar, ya que estaban cansados de apoyar al archiduque Carlos y que no se consiguiera sentarle en el trono. Ambas partes estaban ya un poco hartitas. Para Francia también estaba resultando un problema demasiado costoso. El monarca francés, en unas declaraciones hechas, poco después, al periódico sensacionalista *Ton Père Plus*, declaró: «...es que no había día en el que no me levantara y me vinieran con algún gasto, hijo. Ya me veía hasta malvendiendo mi apartamento de Calais; así que dije se acabó, que se queden con lo que quieran los ingleses, pero yo no gasto un duro más en esta guerra».

La Conferencia de Paz se inició en enero de 1712 en la localidad de Utrecht y la conclusión vino a ser que la isla de Menorca y Gibraltar pasaban definitivamente a ser ingleses a cambio del trono para el candidato francés. Lo que ocurrió después fue que los holandeses, que habían participado en la guerra junto con los británicos, dijeron que no se iban del Peñón ni de coña. Pero los ingleses, egoístas ellos, les contestaron que si no se iban no les defenderían en su propio territorio y que era muy probable que entonces Francia les atacara. Fue razón más que suficiente para que los holandeses tomaran una resolución, que quedó escrita en un manuscrito cuyo contenido les ofrecemos a continuación:

«Si era broma, si pensábamos irnos.»

Y se fueron a toda leche.

El resultado final del Tratado de Utrecht, suscrito el 13 de julio de 1713, fue la pérdida española de Gibraltar y Menorca, el disfrute exclusivo de asiento de negros para los ingleses, un dominio territorial en el Río de la Plata y otras concesiones comerciales, como por ejemplo... y algunas más.

El artículo 10 del Tratado es el que más controversia ha traído y sobre el cual se han basado las continuas reivindicaciones españolas sobre el Peñón pasados los años. Debido a su importancia, lo reproducimos aquí y juzguen ustedes. De todos modos, calculamos que, dada sus pocas luces, serán incapaces de juzgarlo por ustedes mismos, así que luego lo juzgaremos nosotros, que somos muy listos:

«... El Rey Católico, por sí y por sus herederos y sucesores, cede por este tratado a la corona de la Gran Bretaña la plena y entera propiedad de la ciudad y castillo de Gibraltar, juntamente con su puerto, defensas y fortalezas que le pertenecen, dando la dicha propiedad absolutamente para que la tenga y goce en entero derecho y para siempre sin excepción ni impedimento alguno... [hasta aquí los españoles lo llevamos muy clarito]... Pero para evitar cualesquiera abusos y fraudes

en la introducción de las mercancías, quiere el Rey
Católico, y supone que así se ha de entender, que la
dicha propiedad se cede a la Gran Bretaña sin jurisdicción alguna territorial y sin comunicación alguna abierta
con el país circunvecino por parte de tierra [esto ya es
otra cosa, mariposa]... Y como la comunicación por
mar con la costa de España no puede estar abierta y
segura en todos tiempos y de aquí puede resultar que
los soldados de la guarnición de Gibraltar y los vecinos
de aquella ciudad se vean reducidos a grande angustia... [hemos visto aquí el morro que le echó también el
Rey Católico]... siendo la mente del Rey Católico sólo
impedir, como queda dicho más arriba, la introducción
fraudulenta de mercaderías por la vía de tierra, se ha
acordado que en estos casos, se pueda comprar a dinero de contado en tierra de España circunvecina para
provisión y demás cosas necesarias para el uso de las
tropas del presidio, de los vecinos y de las naves surta
en el puerto. Pero si se aprehendieren algunas mercaderías introducidas por Gibraltar, ya para permuta de
víveres o ya por otro fin, se adjudicarán al fisco; y presentada queja de esta contravención del presente tratado serán castigados severamente los culpados...»

Y sigue más, pero ya es un rollo patatero.

Se ha visto que España cedió la propiedad, pero no
la jurisdicción, como si se tratara de un señorío más,
siendo el usufructuario la monarquía británica. Lo que
los españoles venimos intentando demostrar desde hace
la hueva de años es que toda cesión implica un présta-
mo y por tanto el derecho último del que cede a recuperarlo. Pero hasta ahora, y como ya se sabe, que si
quieres arroz, Catalina. Y Catalina hasta ahora no ha
dicho si quiere o si no quiere arroz.

GIBRALTAR DESPUES DE UTRECHT

Aunque los ingleses ya habían hecho alguna vaga promesa de devolver Gibraltar a España algún día, por parte de los españoles nunca se dejó de intentar la recuperación de tan importante posición estratégica. Por ejemplo, en 1727 se asedió el Peñón nuevamente con un despliegue de veinte mil hombres. Pero desde tierra era prácticamente imposible acceder al Peñón, ya que los ingleses tenían emplazadas dos baterías, la de Willis y la de la Reina Ana, que impedían cualquier intentona. En cuanto veían asomar a alguien decían: «*Give them candel John*» («Dales candela, Juan») y se ponían como locos a arrear pepinazos. De todos modos, el día 7 de mayo todas las baterías españolas hicieron fuego a la vez contra Gibraltar. En el castillo se oían voces gritando cosas como «*What a big thunder*» («Vaya pepinazo»), o «*What happened, what happened, silence please, I can't sleep*», («Qué ha pasado, qué ha pasado, silencio, por favor, no puedo dormir»). Los españoles se las prometían muy felices porque ese ataque produjo bastante daño, pero los ingleses reaccionaron colocando más baterías y cañones en lugares estratégicos para la defensa del Peñón y consiguieron repeler la agresión. No obstante, el asedio continuó, ya que era la única manera de conseguir que los ingleses, pegados como lapas a Gibraltar, se fueran de allí al no poder alimentarse. No se había previsto que los ingleses con un *sandwich* tienen para todo el día, hijo, que no se lo explica uno. Al final, las tropas españolas recibieron la orden de abandonar el asedio y volver a sus casas. En mayo de 1728 se firmó el estatus de Gibraltar en el Congreso de Soissons, por el cual todo volvía a las condiciones establecidas en Utrecht. Los españoles, para impedir cualquier tipo de comunicación del Peñón con tierra, comenzaron a construir una línea fortificada, llamada Línea de Contravalación, que tenía una longitud de mil trescientos metros y que fue el germen de lo que hoy es La Línea de la Concepción. Los ingleses protestaron por esta construcción, pero los españoles desde tierra hicieron un corte de mangas y contestaron: «¿Qué pasa? En nuestro territorio hacemos lo que nos da la gana. Listos, que sois unos listos.»

En La Línea se instalaron ochenta cañones y sesenta morteros; lo que no sabemos es si eran morteros de machacar ajo y perejil, para que los soldados se hicieran la comida, u otro tipo de morteros. Más bien nos inclinamos por lo segundo, si tenemos en cuenta que La Línea se había construido para repeler los posibles ataques ingleses desde el Peñón.

Los ingleses, después del susto que se llevaron con el asedio del año 1727, se dedicaron a reforzar la defensa y construyeron más fortificaciones y aumentaron sus dotaciones artilleras. Un señor inglés, que estuvo allí haciendo la mili, nos lo ha contado, lo que pasa es que debe ser del norte y no hemos entendido nada de lo que nos ha dicho, porque tenía un acento muy cerrado. Por tanto, no vamos a especificar cómo se distribuía la defensa de Gibraltar, pero nos pueden creer si les decimos que estaban muy bien y sobre todo muy bien rematadas, todas con tarima de roble en el suelo, calefacción por gas natural, agua corriente, armarios empotrados, y todas daban al exterior, con lo que tenían mucha luz.

EL ASEDIO MAS GORDO

El asedio más importante al que fue sometida la plaza de Gibraltar tuvo lugar entre los años 1779 y 1783. No se reparó en gastos, como nos lo confirma una carta dirigida al duque de Crillón, encargado del ataque terrestre, por el rey mismo: «... y que no os falte de nada. Si queréis cañones, cañones. Que queréis morteros, morteros. Que necesitáis barcos para atacar también desde el mar, pues barcos también. Y para ti, mi querido duque, que quieres un vestido, catorce. Que quieres un reloj, de diamantes. Todo con tal de que se vayan de ahí esos tíos, que me tienen quemao».

Y así fue. No se reparó en gastos. El ataque desde tierra tenía que ser complementario del que debía realizarse por mar. Estaba proyectado que las tropas terrestres entraran al asalto al Peñón, pero no entraron. Se utilizaron todas las artimañas, pero nada, era imposible. Un soldado llamado Ponce Bolla, junto con otros tres soldados más bajitos, intentó engañar a unos soldados ingleses que se encontraban de guardia en una de las fortificaciones. Ponce se disfrazó de gitana y la conversación que mantuvo con el inglés la reproducimos ahora fielmente:

—¡Gachó! —gritó el español desde el istmo.

—¿Quién va? (pero en inglés).

—Déjame pasar gachó, que vengo a echar la buenaventura a los soldados.

—¿Quiénes son esos que te acompañan? (pero en inglés).

—¡Olé! ¿Estos? Quiénes van a ser, mis hijos.

—¿Tus hijos? ¿Y por qué llevan cañones?

—¡Ay! ¡Cañones, dice el gachó! ¡Si no son cañones, que son chupachuses!

—¿Ah, sí? Pues que les peguen un lametón (lo dijo también en inglés).

—Pero si es que ahora no tienen hambre.

—Pues no pasas.

Susurrando al oído de los soldados bajitos:

—Pegarle un chupetón al cañón, que si no, no cuela.

—Yo no, que está lleno de mierda.

—Venga hombre, qué te cuesta.

—¡Jo!

—Ni jo, ni ja, pégale un lametón.

Y se liaron a chupar los cañones para engañar al inglés.

—Ya está. ¿Has visto cómo son chupachuses?

—Y si tú eres gitana, ¿por qué tienes bigote?

Murmurando:

—La hemos liao.

Y salieron corriendo mientras el inglés les disparaba como loco.

Tan sólo los barcos llevaban bien su cometido, evitando que se pudiera abastecer el Peñón, hasta que desde Londres salió el listo del almirante Rodney con una escuadra y consiguió neutralizar el bloqueo. Entonces el gran marino mallorquín Antonio Barceló se inventó las lanchas cañoneras, que tenían dispuesto un cañón a popa y resultaron muy efectivas disparando desde la bahía. Pero cuando aquello empezó a dar sus frutos, a Barceló le destituyeron por intrigas entre los jefes de la operación. Un testigo presencial, don Nicomedes Pertador, nos ha contado que uno de los mandos le dijo a otro más importante que había oído a Barceló llamarle «pringat asqueros» (en mallorquín) cuando hablaba de él con un señor. Y claro, entre unos y otros consiguieron echarle. Pero el proyecto más importante y ambicioso fue el tristemente célebre de las baterías flotantes. Un invento de un francés que se creía muy listo, de nombre D'Arçon, y que se inventó un sistema para que las balas rojas enemigas no pudieran incendiar los navíos. Así que se concibió un complicado sistema de refrigeración por agua para las naves. Se encontraba D'Arçon viendo la batalla desde su puesto junto con otro oficial, una vez instalado el sistema, cuando una de las naves salió ardiendo.

—Menos mal que no se iban a prender.

—No sé qué puede haber fallado.

—Pues yo sí. Has fallado tú, que te crees muy listo y eres tonto. Eso es lo que pasa y no le des más vueltas.

D'Arçon se quedó triste y cabizbajo contemplando cómo las naves que no habían sido todavía incendiadas eran abandonadas por sus tripulantes. Al final dijo para sí, pero en voz alta:

—¡Pues yo no soy tonto, jo!

Después de todo esto, el asedio y el bombardeo contra Gibraltar se mantuvo durante un tiempo, hasta que a principios de 1783 comenzaron las conversaciones de paz que culminarían en el Tratado de Versalles el 3 de septiembre de ese mismo año, en virtud del cual el Peñón continuaba en poder de los ingleses.

Durante el siglo xix reinó la paz con respecto a Gibraltar. Ante la guerra de la Independencia contra Napoleón y todo ese follón, los españoles no tenían tiempo de preocuparse de intentar recuperar el Peñón. No solamente eso, sino que los ingleses se portaron francamente bien, al permitir que la Roca fuera un permanente depósito de suministros para los españoles que se levantaron contra el dominio francés.

Hoy en día un señor que guardó allí un jamón intenta todavía recuperarlo: «...yo les dije a los ingleses: guárdadme el jamón mientras se acaba la guerra y después me lo llevaré otra vez. Porque yo sé que después de una guerra se pasa hambre. Pues nada, hace ya más de cien años y no me lo dan. Esos son capaces de habérselo comido...».

Durante la guerra de la Independencia se desmantelaron todas las defensas que se habían construido en el istmo que une el Peñón con la península para que éstas no pudieran ser utilizadas por las fuerzas napoleónicas. Pero después de la guerra tampoco se pudieron volver a poner en pie porque España fue advertida de que los ingleses podían tomárselo como un síntoma de hostilidad hacia ellos. La respuesta de un alto cargo político a esto fue: «¡Ay hijo, qué susceptibles son. Pues nada hombre, no reconstruimos, que se enfadan los niños!»

Pero luego ellos, los ingleses, en 1814, con motivo de una epidemia de fiebre amarilla, instalaron un campamento fuera del Peñón, en medio del istmo, entre la Roca y la península, y pasada la epidemia ya no se fueron. Dejaron allí unas garitas de piedra muy monas, pero completamente ilegales. Los españoles nos callamos como zorras. Al principio alguno que otro protestó, pero al final, de nada sirvió. Un enviado de la corona española mantuvo la siguiente conversación con el jefe del campamento inglés:

—Oigan, váyanse de ahí, que ese territorio es nuestro.

—¿Es que no tienen compasión? No ven que tenemos enfermos y si estuvieran en el Peñón contagiarían a los demás...

—No, si ya, pero es que ya están buenos, que se les ve en las caras.

—Es verdad. No podemos negarlo. Pero es que se está tan ricamente aquí, al solecito, que da una pereza moverse...

—Jo, anden, váyanse.

—No, nos quedamos y además vamos a instalar unas garitas de piedra.

—¡Desde luego es que tienen mala sombra, eh!

—Un poco sí.

Y allí se quedaron anexionándose otra zona que ni era suya ni nada. Mucho después, en 1845, el embajador español en Londres hizo una reclamación:

—Oigan que se tienen que ir de allí.

—¿Por qué?

—Porque esa parte de tierra no les pertenece, que se instalaron sólo por lo de la epidemia.

—¿Sí? Pues no nos acordamos.

—Es que desde luego, con ustedes no hay quien pueda.

—¡Hala, hala, el sombrero del señor, que ya se va!

No contentos con eso, y como prueba de la incapacidad española en materia de política exterior, en 1854, por otra epidemia de fiebre amarilla, las autoridades del Peñón pidieron a los españoles que les dejaran instalar unas nuevas barracas en la zona neutral para que sirvieran de refugio a la población.

—Oigan, ¿les importaría que construyéramos ahí unas barraquitas?

—¿Otra vez?

—Es que tenemos fiebre amarilla.

—¿Otra vez?

—Sí, hijo, sí. Es que sale uno de Málaga y se mete en Malagón.

—No, ustedes por meterse se meten donde haga falta.

—Bueno, ¿podemos hacer las barracas o no?

—Háganlas. Pero luego las quitan y se vuelven a su sitio.

—O.K.

—¿Qué?

—Que sí, que sí.

Cuando pasó la epidemia, algunas de estas barracas fueron desmanteladas, pero no todas. Las que se quedaron fueron usadas como acuartelamiento para fuerzas militares del Peñón. La protesta española por la nueva violación del Tratado de Utrecht no se produjo hasta 1860, pero los ingleses no hicieron ni caso. El embajador fue a Londres y estuvo esperando más de tres días en una sala del palacio.

—Oiga, que llevo aquí tres días y no me recibe nadie.

—¿Tenía usted hora?

—Pero, ¿cómo que hora? Oiga, señor mío, que soy el embajador español y vengo a protestar por lo de Gibraltar.

—Sí, sí, pero si no ha pedido hora no podemos atenderle.

—Pero oiga...

—¡Hale, hale, con viento fresco!

—Pero oiga...

—Que sí, que sí. El sombrero del caballero que ya se retira.

Inglaterra ya había ganado ochocientas yardas por la parte de oriente y seiscientas por la de occidente, tomadas de territorio neutral. Además de esto intenta-

ron también aumentar los límites marítimos, de tal modo que pretendían que incluso las aguas que bañaban territorio español fueran suyas. Pero ahí ya no coló.

—Miren, ustedes están abusando de nosotros.

—¿Nosotros? ¡Qué va!

—Pues entonces es que se creen que somos subnormales.

—A eso no le puedo contestar. Tendría que consultar con Londres.

El caso es que esta vez no se salieron con la suya.

En 1880 se intentó llegar a un acuerdo con Inglaterra para intercambiar Gibraltar por Ceuta, pero no se pudo. La conversación entre ambas partes quedó archivada en la biblioteca del gimnasio del Club Palomeras de Cádiz:

—¿No quieren ustedes Ceuta? Si es muy bonito...

—No, no. No nos interesa.

—Pero si pueden comprar tabaco muy barato. Y cámaras de fotos y más cosas...

—Que no, que no. Que además tendríamos problemas con Marruecos.

—¿Por qué? Si son muy majos...

—Que no, que no, que nos quedamos con Gibraltar.

—¡Ay Señor, qué fijación!

¿RENDIRSE? NUNCA

En 1933 en Londres se pensó que sería muy bonito e importante hacer un aeropuerto en Gibraltar, dada la importancia estratégica de la Roca. Lo que pasaba es que el único sitio donde se podía llevar a cabo la obra era en el territorio neutral que quedaba. El plan lo aprobaron en Inglaterra y desde 1935 se comenzó a usar como pista de entrenamiento para el embarque de aviones establecidos en portaaviones y para casos de emergencia. No contentos con eso, las pistas se ampliaron. El embajador español se quejó:

—Oigan, ¿ya está bien, no?

—¿Qué pasa?

—¿Cómo que qué pasa? Que es que han hecho ya hasta un aeropuerto en la única zona que no se habían cogido por la cara.

—Ande, ande, si no vamos a atacarles a ustedes... El sombrero del señor que ya se retira.

Gibraltar tuvo un importantísimo papel durante la Segunda Guerra Mundial por ser el punto desde el cual se controlaba el Estrecho y se mantenía vigilada la navegación por el Mediterráneo occidental. España estaba en tal situación que no parecía ser un peligro para los aliados, a pesar de la cierta amistad entre Franco e Hitler. Pero Franco, muy listo, a través del general Vigón propuso a Hitler participar en la contienda a su lado. A través de lo que daría en llamarse el Plan Félix (como el gato de los dibujos animados), España se apoderaría de Gibraltar. Pero esto no se llevó a cabo porque el Führer no accedió a las pretensiones españolas por su colaboración.

La conversación entre los dos personajes fue así:

—¡Españoles! Poco tiempo de glorioso movimiento nos contempla...

—Pero qué dices, insensato.

—Perdona Adolfo, es que me he emocionado y te iba a soltar un discurso.

—Bueno, ¿qué quieres?

—Quiero las colonias francesas a cambio de mi colaboración en la guerra, que podría empezar con la toma de Gibraltar.

—Ni de coña, Paco. El sombrero del general, que ya se retira.

Y, gracias a Dios, nos quedamos fuera de la contienda. De todos modos seguía existiendo la posibilidad de que los alemanes atravesaran el territorio español, así que para asegurarse de que esto no ocurriría, Churchill no dudó en llamar a Franco y prometerle un montón de cosas:

—Paco, que soy Churchill.

—¿Churchill, qué Churchill?

—¡Coño, pues Churchill! ¿A cuántos Churchill conoces?

—A uno.

—Pues ya está. Que digo, que si no dejas pasar a los alemanes por España, te prometo que cuando ganemos la guerra te voy a dar compensaciones territoriales y además también podemos llegar a un acuerdo con lo de Gibraltar.

—¿Sí?

—Pues claro, Paquito, leche, qué alegría hablar contigo.

—Vale, vale, acepto. ¡Españoles...!

—Adiós, adiós.

Y colgó. Pero después las promesas quedaron en el saco del olvido. Al acabar la guerra Franco llamó a Churchill.

—Churchill, que digo que enhorabuena, que habéis ganado, eh, pillastres... que soy Franco.

—¿Franco, qué Franco?

—¡Coño, pues Franco! ¿Tú a cuántos Franco conoces?

—Yo a ninguno.

Y colgó. Y Gibraltar siguió en manos de los ingleses.

Inglaterra, tras la contienda mundial, se vio muy debilitada y comenzó a tener problemas con sus colonias, que poco a poco se iban apuntando al carro del independentismo. Los falangistas españoles y el propio Franco se frotaron las manos diciendo: «Ahora lo de Gibraltar ya es pan comido, señores», pero rascas. El 20 de julio de 1950 ambos países firmaban un convenio para la regulación del tráfico aéreo y los españoles no dijeron ni mu sobre lo del aeropuerto construido en terrenos no cedidos en el Tratado de Utrecht. Cuando Franco le explicó a su mujer que habían firmado un convenio, ésta le dijo:

—Paquito, ¿y qué ha pasado con lo del aeropuerto?

—¡Andaaa... se me ha pasado!

—Pero chico, ¿tú en qué mundo vives? Es que tengo que estar encima de ti todo el día.

Para colmo de males, el 23 de noviembre de 1951 se celebraba en Gibraltar la primera sesión del Legislative Council, lo que significaba que la colonia tendría mayor presencia en la administración británica y, por tanto, quedaba más ligada que antes, si cabe, a la corona británica. En España se interpretó mal este hecho. Franco y los suyos pensaron que los ingleses hacían eso para evitar la descolonización, pero no. Además el Peñón ya no era sólo un interés del Reino Unido, sino de los aliados, que no dejarían escapar un enclave tan importante.

Otro intento de recuperar Gibraltar tuvo lugar durante la negociación de los acuerdos hispano-norteamericanos, pero los ingleses y los franceses se metieron de nuevo por medio. La reina de Inglaterra llamó personalmente a la Casa Blanca:

—Soy la reina de Inglaterra, que digo que si Franco te dice que le des Gibraltar, tú no le hagas ni caso.

Pero los americanos parecieron inclinarse más hacia la neutralidad del Peñón, con lo que de nuevo Franco se frotó las manos. Era habitual, en esta época, escuchar a doña Carmen Polo decirle a su marido: «Paco, deja de frotarte las manos que se te van a pelar, que tienes la piel muy sensible.»

Cuando en 1954 la reina Isabel y su marido visitaron Gibraltar, el Generalísimo se enfadó mucho porque lo vio como una provocación, se enfurruñó, cerró el consulado, impuso restricciones a los visitantes españoles, negó nuevos permisos de trabajo y dificultó la adquisición de alimentos frescos y materiales a los gibraltareños. En 1956, el problema reapareció por iniciativa española. En la Asamblea General de Naciones Unidas la delegación española reclamó la devolución del Peñón:

—Señoras y señores, aprovechamos la ocasión que se nos brinda...

—Al grano, oigan, que tenemos muchas cosas que resolver —interrumpió el presidente.

—Pues que nos devuelvan Gibraltar.

—¡Qué pesaos son ustedes!, ¿eh? ¿No tienen otro temita? Es que llevan toda la vida con lo mismo.

—Es que nos hace mucha ilusión.

—Bueno, a ver, ¿qué propuesta traen?

—Que dice nuestro caudillo que a cambio del reconocimiento de la soberanía española ofrecemos garantías de disfrute de la base del Peñón, y además el Real Madrid se deja ganar la Copa de Europa.

—Miren, de momento no podemos decirles nada, porque, porque, porque... Bueno, adiós.

Esta misma tesis ha sido la que, más o menos desarrollada, se ha venido planteando desde entonces para la resolución del contencioso. Además, ya el ministro Castiella dijo que lo bueno sería una internacionalización del problema, bloqueo económico, entorpecimiento de las labores de la base militar y desarrollo económico del campo de Gibraltar. De este modo se colocaría a Inglaterra en una incómoda situación al demostrarse que no podrían mantener la posesión con la oposición española.

Naciones Unidas había creado un comité especial para controlar los procesos de descolonización, llamado Comité de los 24 y que constaba de 23 miembros. (Que no, que era una broma... que eran 24 miembros.) En septiembre de 1963 decidieron abordar el tema de Gibraltar y después de algunos avatares y ciertas maniobras británicas, el Comité decidió que ellos sentaban unas bases y que fueran directamente España y Gran Bretaña quienes solucionaran el contencioso. Pero tampoco se llegó a un acuerdo, así que Franco, más cabreado que una mona, decidió dar los pasos necesarios para la transformación económica del Campo de Gibraltar y comenzó una política de bloqueo. Entonces, el 17 de enero del año siguiente, España solicitó unas nuevas conversaciones y mientras se reunían se comunicaba a todos los países miembros de la OTAN, menos a Inglaterra, que Gibraltar no era considerado como una base de la organización y además se prohibía a todos los aviones que tuvieran como destino Gibraltar, sobrevolar el espacio aéreo español. Y se quedaron tan panchos. Un mes después los ingleses dijeron que sí, que se reunían otra vez. Llamaron por teléfono al Pardo y preguntaron por el caudillo.

—¿Está Franco?

—¿De parte de quién?

—Somos los ingleses.

—¿Y qué quieren?

—Que nos sentamos para hablar.

—Oiga, hablen ustedes como les dé la gana, a nosotros qué nos cuenta.

—No, que es para lo de Gibraltar.

—¡Ah! Espere un momento que Su Excelencia se encuentra en estos momentos inaugurando un pantano —se oyó, de fondo, gritar al empleado—: «¡¡¡¡Excelencia... ¿Ha terminado ya?» Oiga, que ya viene. No se retire.

—¿Franco?

—Presente.

—Que somos los ingleses, que nos sentamos para hablar.

—¿Y para esa gilipollez me llama? Hablen ustedes como les dé la gana, oiga, ¿a mí qué me cuenta?

—No, que nos sentamos con ustedes para hablar de lo de Gibraltar.

—¡Ah, eso es otra cosa!

Los ministros de Asuntos Exteriores de los dos países tuvieron una conversación muy emocionante. Además el español estaba encantado de tener algo que hacer, porque como España no se relacionaba casi con nadie, se aburría un montón.

La conversación entre ambos ministros quedó grabada en una cinta de *cassette* y pasamos a reproducirla aquí, casi íntegramente, pues los tacos fueron suprimidos por la censura de la época:

—Pues mira, de momento se rechaza la soberanía británica en el Peñón, porque sólo se os había cedido para instalar una base militar.

—Pero, ¿cómo? Eso es una majadería.

—Escucha, que esto no es nada. Que ya se nos han hinchado las narices. Se denuncia el contrabando.

—¿Qué contrabando? —dijo el inglés poniendo cara de sueco.

—¿Qué contrabando? —repitió el español en tono burlesco—. Se niega a la población gibraltareña el carácter de comunidad.

—Pero, ¿por qué, por qué?

—Pues porque nos da la gana, que para eso somos de derechas...

—Vale, vale, no te pongas así. ¿Algo más?

—Sí. Se denuncia la violación del Tratado de Utrecht al haber construido en el istmo un aeropuerto.

—¿Algo más?

—No. Pero también estamos dispuestos a hacer concesiones.

—Menos mal, hijo, ya me tenían preocupado. A ver, a ver.

—Os dejamos mantener la base militar, respetamos la nacionalidad británica de los gibraltareños, su religión, su derecho al trabajo y a la residencia. Y además adquirimos el compromiso de desarrollar económicamente el Campo de Gibraltar para mayor bienestar de la zona. A cambio de todo esto firmaremos un tratado anulando el artículo 10 del Tratado de Utrecht.

Y cuando acabó de hablar el ministro español, se derrumbó en el sillón, porque se había quedado sin aliento. El ministro inglés, Michael Stewart, fue más breve. Sacó de su maletín una hoja y leyó en voz alta y bien claro: «Tururú.»

Otro fracasito. España siguió con las sanciones y el bloqueo a Gibraltar, y entonces los ingleses decidieron que el caso se tenía que poner en manos del Tribunal Internacional de Justicia. La carta enviada por Franco a la reina de Inglaterra con la respuesta a su proposición la guarda un chambelán de palacio, que se llama Carl Os y que ha tenido la amabilidad de no dejárnosla, por lo que nos hemos visto obligados a darle una paliza y quitársela. Esta es la carta:

> Majestad: TURURU. Dos veces.
>
> Saludos
>
> Firmado: Francisco Franco

Por lo tanto, el único organismo que quedaba para resolver este tema de Gibraltar, era la ONU. Precisamente aquí iban ganando peso las teorías españolas, así que los ingleses hicieron un referéndum en Gibraltar y les preguntaron a los habitantes qué querían. El resultado era fácil de prever. Los ingleses invitaron a los españoles a enviar observadores, cosa que aquí sentó muy mal. Un ministro español mandó una carta diciendo que gracias, pero que no podía ir ningún observador, que los tenían a todos observando otras cosas, que lo sentían mucho. La postura española tuvo éxito. La ONU condenó el referéndum e invitó a ambas partes a negociar otra vez, y vuelta a empezar. Los ingleses hicieron como que no oían y llevaron a cabo la consulta popular. El momento en que un portavoz de la ONU llamó al Parlamento británico quedó registrado en una grabación:

—Oiga, ¿es el Parlamento inglés?

—Sí, ¿quién es?

—Llamo de la ONU, que digo que lo del referéndum no vale. Que nos parece fatal.

—¡Huy, qué mal le oigoooo! ¡Sí, dígame! Se ha
cortado.

En la ONU se hizo una votación y España ganó por
un amplio margen. Se contabilizaron setenta y tres votos a favor, diecinueve en contra y veintisiete absten-
ciones. El bloque occidental se abstuvo, los votos en
contra eran de los países miembros de la Commonwealth
y los favorables, de los países iberoamericanos, los árabes
y el bloque comunista. Por tanto, la ONU resolvió que
las tesis españolas eran buenas y todos se fueron a casa
muy contentos. Franco estaba encantado cuando se lo
dijeron:

—Excelencia, que hemos ganao.

—Sí, sí, ya lo he visto por la tele. Ha estado fantás-
tica la Massiel ésa.

—No. Digo lo de la votación de la ONU; que dicen
que en lo de Gibraltar tenemos razón.

—¡Ay, qué bien! ¿Cuándo se van los ingleses?

—No, eso es otra cosa, irse no se van.

—Coñe, ¿pues para qué hemos ganao?

—Pues eso digo yo.

—Anda vente para acá y vámonos de caza, que me
han atado un ciervo a un árbol y me voy mañana de
montería.

En 1968 los ingleses dotaron a Gibraltar de una Constitución propia y se pasaron por el forro lo de la ONU.
España endureció más su política de bloqueo dañando
bastante la economía de Gibraltar, pero, poco a poco,
los tíos se han ido recuperando.

Cuentan que estando ya Franco muy enfermo alguien le dijo:

—Excelencia, tengo buenas noticias.
Y Franco entreabrió los ojos y preguntó:
—¿Nos han devuelto Gibraltar?
—No, Excelencia.
Y Franco volvió a cerrar los ojitos y exclamó:
«¡Mecachis!»

ES QUE, NI SIENDO DEMOCRATAS...

Con la democracia ya instaurada en España y el Gobierno de Adolfo Domínguez (perdón, que ése es el modisto), y el Gobierno de Adolfo Suárez, se intentó una vez más que los ingleses se dieran el bote de Gibraltar. Aludían a que España no podía entrar a formar parte de la CE si mantenía la verja de Gibraltar cerrada. Entonces Suárez pudo prometer y prometió a los ingleses que abriría la verja y pondría fin a las sanciones si los ingleses reconocían la soberanía española sobre el Peñón.

En su viaje a Londres mantuvo una conversación muy interesante con el primer ministro inglés:

—Perdone que esté tan nervioso, es que llevo poco de Presidente y lo paso fatal.

—No pasa nada.

—Bueno, que si admiten la soberanía española en Gibraltar, levantamos la verja y las sanciones.

—¡¡¡John, el sombrero del señor, que ya se retira!!!

Más tarde Marcelino Oreja también lo intentó. Siendo ministro de Asuntos Exteriores firmó un convenio con los ingleses a través del cual España levantaba las sanciones a cambio de que se reconociera de una vez la soberanía española. Lord Carrington, después de comer judías con Oreja, en un restaurante de Lisboa, firmó el convenio y todo parecía haber concluido.

Oreja llegó a Madrid contentísimo. Fue a ver a Suárez, que se encontraba en el Palacio de La Moncloa, atendiendo a unos señores que habían ido a pedirle dinero, y le comunicó la buena nueva:

—Adolfo, Adolfo, que ya está. Que reconocen la soberanía española en Gibraltar.

—¡Viva la madre que te parió Marcelino! ¡Champán, champán!

España levantó las sanciones, levantó la verja y levantó el ánimo, pero los ingleses levantaron sólo las copas para brindar por la estupidez española al haberse dejado engatusar otra vez.

Adolfo Suárez llamó a Oreja.

—¡Orejaaaaaa!

—Sí mi presi, ¿qué quieres?

—Yo me voy, lo dejo, abandono, no puedo más y encima lo de Gibraltar. ¿Cómo me has hecho esto Orejas?

—Oreja presidente. Sin ese.

Suárez se fue y le dejó el embolado a Calvo Sotelo. Pero todo el afán de este último se centraba en que España entrara a formar parte de la CEE y de la OTAN y para ello necesitaba el apoyo británico. La conclusión que hay que sacar es que no se les podían tocar mucho las narices a los ingleses con el tema de Gibraltar otra vez.

Con los socialistas en el poder, Gibraltar sigue siendo piedra de toque, y por eso el Gobierno de Felipe González aprobó el 7 de diciembre de 1982 la esperada apertura de la verja para el tráfico peatonal, aunque de hecho se consumó el día 15. Este gesto supuso una importante revisión de la política española sobre el Peñón. Don Jaime Dusa, uno de los encargados de levantar la verja, nos comenta: «...fue un momento mu bonito. Lo único malo fue que me pillé los dedos con la visagra y se me pusieron como morcillas y mi hijo, que es un hambrón, me pegó un bocao y se me llevó el meñique. Mire, mire».

El día 3 de enero de 1983, el ministro Morán se fue a Londres y, de paso, a visitar a la Thatcher para tantearla con lo de Gibraltar:

—Hola Margaret, que soy Morán, no sé si te acuerdas de mí. Que pasaba por aquí y me he dicho: ¡Hombre, voy a visitarla y de paso le pregunto que si revisamos lo del tema de la soberanía de Gibraltar!

—Pues mira, no.

—No, ¿qué?

—Que no reviso nada mientras no abráis la verja del todo. Y además hoy no me ha venido la chica y tengo que limpiar toda la casa, así que no tengo tiempo. Adiós.

Entonces Morán se fue a hacer unas compras en Oxford Street y se volvió a España. Cuando fue a contárselo a Felipe González, éste le dio otro disgusto:

—Y va y me dice que o abrimos del todo la verja o no revisa nada, la tía guarra.

—¿Sí? Pues agárrate Morán, porque ha llamado esta mañana y me ha dicho que además nos va a vetar la entrada en el Mercado Común.

—¿No jodas?

—Sí. Y no digas tacos, que eres ministro.

De todos modos Morán se mantuvo inflexible y consiguió que se firmara el Acuerdo de Bruselas por el que Gran Bretaña se comprometía a revisar el tema de la soberanía y España por su parte finalizaría con el régimen de sanciones. Al tiempo, se reconocían los mismos derechos a los gibraltareños en España y a los españoles en Gibraltar. La verja fue abierta plenamente el 5 de febrero de 1985. Don Jaime Dusa también estaba allí: «...fue todo mu bonito también. Esta vez anduve con más cuidado y no me pillé los dedos».

Después, con Fernández Ordóñez, al ser España miembro de la CEE y de la OTAN, el contencioso pudo tomar una dimensión más internacional.

El Gobierno español pensó que al estar el Mercado Común por medio causaría sus efectos, dada la anacrónica situación del Peñón, y así forzaría una mayor integración de éste en el Campo de Gibraltar. Felipe González llamó a Bossano a cobro revertido:

—Bossano, mira, te dejamos que las empresas gibraltareñas se instalen al otro lado de la verja.

—No quiero.

—Pero, ¿por qué?

—Porque no.

—Venga hombre, no ves que es mejor para vosotros.

—No.

—Pues mira, rico, ¡que te den dos duros!

—Vale.

—¿Aceptas?

—Lo de los duros, sí.

—Anda, vete ya...

Bossano, el muy ladino, lo que hizo fue aprovecharse de su situación dentro de la CEE, como territorio europeo cuyas relaciones exteriores asume un estado miembro, y sacar partido de su estatuto jurídico, que le hace estar exento de lo estipulado por la Unión Aduanera, del IVA y de la política agrícola común. Así se ha montado el tío un negocio que garantiza la independencia económica de Gibraltar frente a España, convirtiendo el Peñón en un centro financiero internacional y atrayendo dinero de todo el mundo.

Fernández Ordóñez se enfadó mucho y acusó al Gobierno inglés de permitir que Bossano hiciera lo que le daba la gana, y además dijo que en Gibraltar se hacía contrabando de tabaco, de drogas y se blanqueaba dinero proveniente del narcotráfico. Los ingleses dijeron que eso era una cosa horrible y acto seguido se fueron a jugar a ese estúpido deporte denominado criquet.

Más tarde, Felipe González fue a tantear a Major. A su regreso a España declaró a la revista *El mundo animal*: «He visto a Major muy bien, muy contento y feliz. Si acaso un poco pálido y delgadito. Cuando le saqué el tema de Gibraltar me dijo que se estaba haciendo caca y que le perdonara. Y se fue.»

Hoy por hoy Gibraltar sigue en manos británicas, pero que se anden con ojo, que como un día nos enfademos de verdad, se van a enterar de lo que vale un peine.

Momentos de confusión.
La desgracia de Amadeo

En el periodo de seis años comprendido entre septiembre de 1868 y diciembre de 1874, los españoles tenían que enterarse por los partes de *Radio Nacional* del tipo de gobierno que iban a tener para cada día. La crisis, que se inició con Isabel II en el trono y terminó con su hijo Alfonso XII, entrando triunfal en el palacio de Oriente, atravesó por una monarquía sin reyes, un reino con regente, un rey importado de Saboya y dos repúblicas distintas.

En esta turbulenta etapa, el reinado de Amadeo I constituyó un momento de penuria sin precedentes. Una vez más, las envidias y los intereses personales impidieron que triunfase en España el buen criterio. Las perrerías que se le hicieron a este buen hombre fueron innumerables y no le quedó más remedio que abdicar cuando se dio cuenta de que hasta la chica de servicio le hacía la petaca en la cama.

Todo empezó cuando el general Narváez tuvo la infeliz ocurrencia de morirse.

Durante veinticinco años, Narváez había sido capaz

de mandar en España sin problemas, pues todas las fuerzas políticas, incluidos los republicanos, se ponían firmes al escuchar su nombre. Con este chollo de hombre en el Gobierno, la reina Isabel II había vivido fenomenal, haciendo una dieta sana y equilibrada, sin que ningún asunto político le quitara el sueño. Ella, sabiendo que su Narváez estaba al cargo, se podía marchar tranquila a cualquier parte. Y así, lo mismo se iba una semana a Miami a un concierto de Julio Iglesias que se apuntaba a una academia de sevillanas, por las tardes. Los fines de semana los pasaba en el chalet de la sierra donde su marido, Francisco de Asís y Borbón, bajaba todos los domingos al pueblo, en chándal, a comprar el *ABC* y un manojo de churros para el desayuno. Todo fue como la seda hasta que los infantes se hicieron mayores y los reyes dejaron de ir a la sierra. Según declaraciones de la chacha dominicana que les atendía: «El señorito no paraba en el chalet, si no rastrillaba las hojas del jardín, barnizaba una ventana o limpiaba la piscina. Pero no paraba quieto. Y, claro, los hijos, ya casados, llegaban allí los fines de semana a descansar y la reina estaba todo el rato encima: "Echarle una mano a vuestro padre, que parece mentira que tenga que hacerlo él todo." Y no era plan, asinde que los chicos dejaron de il.»

A pesar de estos pequeños problemillas caseros, la vida de Isabel II transcurría apaciblemente. Se levantaba más bien tardecito, se hacía sus comiditas siguiendo las recetas de Arguiñano, se alquilaba unas pelis en el videoclub de palacio y se hacía la sueca cada vez que escuchaba la voz de su madre en el contestador automático: «Isabelita, ponte que soy yo, mamá. Isabelita, ponte ahora mismo que sé de sobra que estás ahí. Ponte, que es conferencia de París y están las tarifas de Telefónica como para andar colgada del aparato. ¡Isabelita, leche!...»

Este chollo de vida se le acabó a Isabel II el mismo día en que Narváez estiró la pata. El gobierno quedó en manos de un tipo duro, que tenía un póster de Matanzo en su habitación, y que estaba dispuesto a pegarle un capón al que se atreviera a levantarle la voz. González Bravo, que así se llamaba el pollo, mandó al exilio a Canarias a varios generales sospechosamente liberales, y no había día que no desayunase firmando un destierro de alguien que pensaba de distinta manera que él.

Así las cosas, la gente empezó a cogerle manía a la reina, a quien responsabilizaba de la actitud de su primer ministro. Aparecieron pintadas contra ella en las puertas de los retretes de los bares de carretera. Cosas tan horribles como:

> «La Isabel tiene más bigote que el felpudo de palacio. Te da un beso y te cepilla la caspa del abrigo. Firmado: *Muelle.*»

De pronto, parecía que todos se hubieran puesto de acuerdo en dar de lado a la soberana. La primera, su madre, María Cristina, que no se resignaba a haber perdido el trono de España y verse obligada a vivir en París (aunque tenía el supermercado *Au Champs* muy a mano y le gustaba ir los fines de semana a *EuroDisney*). La segunda, su hermana, Luisa Fernanda, que se creía más lista y más resultona que Isabel II y no entendía por qué no había sido ella la elegida para salir en el videoclip del himno nacional al final de la programación de TVE. Y después, un montón de gente, incluso la que fuera profesora suya de gimnasia en el colegio Jesús y María, doña María del Mar Cando Paquete, que llegó a revelar a *Mundo Obrero* que Isabel no era en realidad segunda, pues por lo visto había quedado quinta y falsificado la medalla de plata.

A pesar del panorama, la reina decidió irse de vacaciones a Lequeitio y, para cuando quiso darse cuenta, el general Prim ya había revolucionado a medio país en nombre de la democracia parlamentaria. Isabel II le mandó a González Bravo un motorista con su cese fulminante y puso al mando, de lo poco que le quedaba leal, al marqués de La Habana: el general Concha, que nada tenía que ver con la Piquer. Concha, que no era tonto, enseguida se dio cuenta de lo fea que estaba la situación y le pidió a su majestad que hiciera las maletas y cogiera el primer puente aéreo de regreso a Madrid para empezar a imponer orden. Isabel II le mandó una postal de una sevillana con la falda de tela pegada al cartón en la que le decía:

> Querido Conchita:
> Perdona el diminutivo cariñoso, pero es esencial que fomentemos los lazos de amistad en estos momentos difíciles. Siento no poder regresar a Madrid, como me pides, porque he quedado con unas amigas en San Sebastián y no puedo darles plantón. No es una disculpa; es que tres años seguidos me han invitado a pasar con ellas la Semana Grande y, tras aceptar siempre, las tres veces tuve que llamarlas la noche anterior para anular el compromiso. Una vez, cuando Alfonsito se tragó

un bolígrafo y tuvimos que llevarle a Urgencias del Piramidón; otra, cuando me atracaron en una cabina de teléfonos y me sacaron cien mil pelas del cajero; y la tercera, cuando adelantaron la final de baloncesto del Estudiantes Caja Madrid-Joventut de Badalona. Como ves, por nada del mundo podría volver a llamarlas diciendo que no voy sin que se me cayera la cara de vergüenza. Además, por si algo se tuerce, casi me queda Donosti más cerca de la frontera. Así que tú, Conchita, amigo fiel, lo que tienes que hacer es reconquistar las plazas tomadas por Prim y dejarte de bobadas. En cuanto lo tengas todo listo, me mandas una limousina a recogerme. Te recuerdo otra vez que no te olvides de cubrir con sábanas los muebles del palacio, y perdona la insistencia, pero es que el año pasado ya tuvimos que retapizar un tresillo. Un abrazo. Isabel II, reina.

El 29 de septiembre, tras la derrota del puente de Alcolea, Concha salió por piernas y la reina se pasó de Fuenterrabía a Biarritz con la disculpa de que iba a comprar regaliz a Francia. Ya no volvería nunca más a tomarse un cocido en Lhardy... En el país vecino se separó de su marido, después de que el diario británico *The Times* publicara el escándalo de las cintas. Al parecer, un periodista de la BBC consiguió grabar una conversación secreta entre Isabel II y su intendente general, Marfori, en la que aparecían frases como: «ME GUSTARÍA SER UN TAMPAX» y cosas más engorrosas todavía.

Agobiada por los acontecimientos y perseguida por la prensa del corazón, la reina se enclaustró en casa de su madre. Ambas, en vista del fracaso mutuo, se olvidaron del asco que se profesaban y empezaron a planear la vuelta de los Borbones a España. Barajaron diversas posibilidades de restauración: el retorno de la madre, de la hija o del nieto. Por su parte, un amigo personal del rey consorte declaró, desde su residencia en Biarritz, a la revista *Lecturas*: «Paco está desolado.»

EL TRIUNFO DE LA GLORIOSA

Mientras, en España la revolución consiguió entusiasmar a las masas. El 3 de octubre, el general Serrano (conocido entre sus compañeros de promoción de la academia como «el pata negra») entró triunfal en Madrid. Enseguida formó Gobierno con un catalán de renombre en el Ministerio de Defensa: Prim. Este último había sido en realidad el que había montado todo el tinglado pero, como no ambicionaba el poder, prefirió que diera la cara otro y quedarse en la cocina cortando el bacalao. Pronto se convirtió en el héroe de toda España y particularmente de Cataluña. Prometió el sufragio universal, la libertad de enseñanza, de culto y de reunión, las autonomías y la institución del jurado para los juicios a criminales. Por las calles, furgonetas con altavoces aireaban la canción del grupo Jarcha *Libertad sin ira* al tiempo que la policía detenía a un político republicano que había pasado la frontera con peluca. Ante el parlamento, Prim pronunció un discurso que pronto pasaría a los libros de Historia. Compuesto por un taco de folios del Galgo tamaño holandesa, mecanografiados a doble espacio y con amplios márgenes, la parte más destacada rezaba así:

> «Y por tanto puedo prometer y prometo que jamás, jamás, jamás, volverán los Borbones a pisar por aquí.»

En la cabeza de Prim, que bajo la regencia de Serrano pronto sería jefe de Gobierno, no estaba sin embargo la idea de la república. El seguía creyendo en la bondad del sistema monárquico y convenció a los diputados de que una monarquía sin Borbones funcionaría a las mil maravillas. A partir de entonces dedicó todo su empeño a encontrar un candidato adecuado para ocupar el puesto vacante de rey de España. Puso anuncios en *Segunda Mano* y carteles en el bar de la Facultad de Derecho. Organizó también varios *castings* de príncipes. De toda Europa empezaron a llegarle *curriculums vitae* de candidatos, y de Estados Unidos, por equivocación, dos discos de Prince, a pagar en destino.

Poco a poco se fue haciendo una selección de los candidatos y al final quedaron, tras superar las pruebas físicas y el *test* psicotécnico de cultura general, los siguientes finalistas:

- El heredero del trono de Italia, Amadeo de Saboya.

- El antipático cuñado de Isabel II y marido de la hermanísima Luisa Fernanda, duque de Montpesier.

- El hijito, Alfonso XII.

- El general Espartero, que pasó desde el primer momento ampliamente de la propuesta, pues residía en Logroño jubilado, viviendo

de su pensión de la Seguridad Social y no
estaba para trotes. Además, que no sabemos
en qué estaría Prim pensando para proponerle
ser rey a este hombre que ya la había cagado
de sobra durante la época de regente, muchos años atrás.

Finalmente se reunió el jurado de las Cortes y en
una gala retransmitida por todas las cadenas de televisión y radio y presentada por Antonio Banderas y Ma-
donna se dio a conocer el ganador. Cuando se extrajo
del sobre la papeleta con el nombre se hizo un silencio
sepulcral en el salón de plenos: «*And the winner is...*
¡Amadio di Saboia!» Por ciento noventa y un votos, el
príncipe italiano acababa de ser promulgado rey de
España. Recogió el premio en su nombre el embajador
de Italia en Madrid. Amadeo se enteró de su nombra-
miento por el *Telegiornale* del *Canale 5* y lo aceptó sin
pegar botes ni descorchar champán. Cuando se lo comunicó a su mujer, a ésta se le cortó el cutis del disgusto. La cosa no era para menos, con un apellido como
Pozzo della Cisterna, ya se veía venir los chistecitos
que le iban a caer encima. A toda costa intentó quitarle
la idea de la cabeza a su marido: «Que tú sólo vives de
ilusiones, como el tonto del cuento, Amadeo», pero no
logró convencerle. Muy al contrario, Amadeo le dijo
que había oído hablar que en España estaba todo el mundo
con los brazos abiertos esperándole: «Ya verás como
nos va bien y enseguida le coges el gusto a las gambas
al ajillo.»
Cuando Prim anunció que el rey había aceptado la
propuesta de las Cortes, se montó en el Congreso un
revuelo de tres pares de narices. Los republicanos le

acusaron de traidor por quitar un rey para poner otro; los partidarios de los fracasados candidatos al trono le lanzaron tomates por promover un monarca de importación en lugar de uno de fabricación nacional; y los que se creyeron que la revolución iba a consistir en que cada uno podría hacer lo que le diera la gana y se sentían decepcionados porque Prim gobernaba y les hacía acatar leyes, aprovecharon la coyuntura para darle un puñetazo en las gafas al estilo Ruiz Mateos.

El pobre Prim salió de la Carrera de San Jerónimo entonando el «Oh, campos de soledad, mustios collados...». Montado en su carruaje, iba charlando con su ayudante sobre los acontecimientos recientes y preguntándole por el número premiado la noche anterior en el sorteo de la ONCE cuando un par de coches le cortaron el paso en la calle del Turco. Prim asomó la cabeza por la ventanilla con la intención de ver si podía echar una mano en cambiar una rueda o algo. Cuál no sería su sorpresa cuando tres hombres abrieron fuego contra él con la intención de hacerle daño... El cochero reaccionó tarde y, para cuando salió jaleando a los caballos, el general estaba herido de muerte. Al llegar a casa no quiso que le ayudasen y, muy en torero, subió las escaleras por su propio pie mientras le decía a su señora: «Mira cómo han puesto a tu marido.»

Para gran desgracia de España, la víspera de la llegada del nuevo rey al puerto de Cartagena, al hombre que había hecho posible ese viaje y al único que podía convertir en realidad el intento, se le escapaba la vida. Metido entre las sábanas, Prim y Prats vio de pronto pasar su vida en diapositivas y a velocidad de vértigo; se vio vestido de marinerito el día de su primera comunión, mientras ataba un cordelito entre dos bancos esperando impaciente a que pasase el monaguillo; acarameladito con su primera novia, Lolita, a la salida del cine Diagonal después de ver *Sonrisas y lágrimas*; haciendo la mili con sus compañeros del IMEC; un día que se comió un conejo al ajillo en casa de unos amigos, en Menorca, que se quedó con ganas de repetir de lo bueno que estaba; la cara del taxista que le llevó a la estación de tren dándole tres vueltas a la ciudad y cobrándole cinco mil pelas; los primeros números de la matrícula del taxi, que se alejaba hacia las Ramblas; su mujer, la duquesa de Reus, saliendo del cuarto de baño con una mascarilla facial de color verde y rulos rosas... Después, una luz blanca muy potente iluminó toda la estancia y Prim sintió que la paz le inundaba.

LLEGA AMADEO EN VIAJES TURAVIA

Nada más desembarcar en tierra española, el hijo de Víctor Manuel II recibió la desagradable noticia de la muerte de quien le había puesto en el trono. Intentando esbozar media sonrisa se le escapó un «*porca miseria!...*» que vino a resumir lo que se olió que se le avecinaba. No era para menos. Numerosos generales se negaron a jurarle fidelidad; algunos miembros importantes de la *jet*, como los Villahermosa o los Medinaceli, pasaron de colocar banderitas en el balcón al paso de la comitiva real; en Madrid se estrenó la obra de teatro *Macarroni I,* en la que le tomaban el pelo y, para colmo de males, al irse a acostar se dio un golpe en la cabeza con el pico de la mesilla.

Mas Amadeo, que resultó ser un tipo con ganas de echar una mano en lo que hiciera falta, no se dejó achantar por tantos desplantes consecutivos. Enseguida se puso a hacer planes y a preparar las nuevas medidas que estaba dispuesto a defender y rubricar. Entre ellas se encontraba el proyecto de abolición de la esclavitud en Cuba, la delimitación del poder de la Iglesia y la supresión de los latifundios. El hombre, que como era la primera vez que hacía de rey aún no se había dado cuenta de que los que mandan no suelen ser monjas de la caridad, propuso estas medidas con la mejor intención y la esperanza de que la gente por la calle le felicitara efusivamente por ser infinitamente más abierto y generoso que la retrógrada Isabel II. Pues que te lo has creído tú. De eso nada, monada. Más bien lo contrario: se le echaron encima todos.

Los primeros en lanzarse a la caza y captura del buen rey fueron los banqueros y multimillonarios que se forraban en Cuba gracias a que tenían miles de negros encadenados en las plantaciones de tabaco o azúcar, currando a cambio de una sopa de ajo. Ante el temor de perder el superchollo, invirtieron gran parte de sus ganancias en evitar que Amadeo llegase a liberar a sus esclavos. Untando a periodistas, generales y personajes influyentes en la nobleza, se aseguraron de que la figura del rey quedara ampliamente desprestigiada.

También los republicanos, que nada personal tenían contra el italiano, utilizaron las libertades de prensa que éste autorizaba para poner a caldo la monarquía y solicitar una y mil veces que se pasara definitivamente de reyes y se votara un presidente constitucional.

Y, por último, los partidarios del antiguo régimen, que consiguieron que Isabel II abdicara en favor del príncipe Alfonso, y no se cortaban un pelo a la hora de desairar a la nueva familia real.

Pero lo peor no fue eso. Lo que más le dolió al de Saboya fue la actitud incomprensiblemente enfrentada a su persona del español que viajaba en metro. Eso le dejó descolocado al pobre porque que los «malos» no quisieran que se llevaran a cabo cambios positivos no parecía muy difícil de entender, pero que los «buenos» se enfadaran con el Robin Hood que intentaba ayudarles, no cuadraba. La explicación no se podía encontrar en otro sitio más que en la ignorancia generalizada, ya que por aquel tiempo el ochenta por ciento de la población no sabía ni leer ni escribir. Esto venía a significar que la única manera que tenía el pueblo para forjarse una opinión era a través del «se dice» o el «pues yo he oído en la radio que...». Y ya se encargaron de que esa opinión fuera negativa todos los que por unos motivos u otros estaban contra Amadeo I que, como acabamos de ver, eran muchos y muy importantes.

A estas circunstancias hay que sumarles la falta de costumbre de vivir en libertad de los españoles. Apenas acababa de terminar la era Reagan de la historia de España, con el absolutismo de Fernando VII, el de su señora María Cristina y el de su hija Isabelita, y aquí todo el mundo estaba acostumbrado a que le dijeran lo que tenía que hacer y a obedecer sin rechistar. De hecho, el eslogan oficial de la Oficina de Turismo de entonces (ya que todavía no se había inventado lo de *Spain is different*), era la repetida frase «¡Viva las cadenas!» (Frase que, además de expresar el sometimiento voluntario del pueblo a su dictador, favorecía la venta de una marca de anís, en perjuicio de otras, como anís Del Mono y Castellana.)

Con los Borbones, todo el mundo sabía que los malos eran Sadan Husein y los sandinistas y el bueno, el Cid Campeador. No había dudas y, lo que era más cómodo, tampoco había que pensar, porque la vida te la daban ya resuelta. Con Amadeo y sus libertades la gente tenía la posibilidad de elegir y ya empezaba a complicársele todo un poco. No resultaba, pues, extraño que en cuanto se liaron a meter cizaña sus enemigos, el pueblo empezase a murmurar cosas como: «La verdad es que tantas libertades no sé yo si van a ser buenas.», «Si ya te lo decía yo que el rey este no tenía buena pinta.», «Menudo pájaro.», «Menos libertad y más orden es lo que hace falta.», «No, si está todo hecho un asco; ayer mismo a mi hijo de quince años le robaron el bocadillo en el recreo unos del curso anterior. Ya ves tú, con trece años y ya son delincuentes.», «Qué se habrá creído el italiano de las narices.»

ENCANTADO DE CONOCERLES. SI PASAN POR ROMA, NO DUDEN EN LLAMARNOS

Con tantas desgracias juntas, más un intento de asesinato que sufrieron los reyes al volver de pasear a sus niños por el parque del Retiro, a la reina Victoria le dio un ataque de nervios. Entonces, Amadeo ya no dudó en decirle al presidente del Gobierno, Ruiz Zorrilla, que se abrían: «Hasta aquí hemos llegado, *ci vediamo, addio.*»

Ruiz Zorrilla intentó convencerle con argumentos contundentes como: «Hombre, Amadeo, ¿cómo te vas

a ir precisamente ahora que el hombre del tiempo ha anunciado una mejoría de las temperaturas y, además, van a estrenar la semana que viene una de Almodóvar?»

Pero el rey, que no entendía por qué se le despreciaba y que comprendió que nadie estaba por la labor de escuchar sus ideas, prefirió volver a casa por Navidad y dejar de comerse más el tarro por España. A fin de cuentas, había aceptado venir sólo porque Prim le había convencido de que todos los españoles tenían un póster de él en la cocina y estaban ansiosos de seguir sus pasos. Si no, ¿de qué iba él y su familia a abandonar su querida Italia y perderse los partidos del Milán contra el Nápoles? Ni de coña.

El 11 de febrero de 1873 la familia real se marchó de España, aprovechando una oferta de días azules de la RENFE, camino de Lisboa. Hacía un frío que pelaba y a despedirles acudieron tres funcionarios del Ministerio de Estado, la chacha y un perro que pasaba por allí.

Ese mismo día España se convirtió, por mayoritaria votación en las Cortes, en una república. El problema fue que republicanos, lo que se dice republicanos, no es que hubiera muchos. Los diputados que votaron a favor del cambio de régimen eran los mismos que habían apoyado a Isabel II; los mismos que habían defenestrado a Isabel II; los mismos que habían votado con Prim para que viniera Amadeo de Saboya y los mismos que le dieron la espalda nada más llegar. No resultaba demasiado aventurado imaginar que serían ellos mismos los que se cargasen la república en un breve plazo.

Uno de los diputados más célebres de este oscuro periodo de la historia de España fue Francisco Nejo.

Este personaje gris, con cara de gusano y dientes amarillentos por la nicotina, era capaz de votar cualquier cosa con tal de sacar tajada. Para estar a bien con todo el mundo, él votaba a todo que sí. Daba igual lo que fuera. Tan acostumbrado estaba a votar que un día, visitando con su grupo del Congreso el convento de las Clarisas no pudo evitar hacer los votos de castidad y ya se tuvo que quedar dentro.

Con personajes como estos sentados en los escaños, España acababa de perder la oportunidad de afianzar un sistema monárquico parlamentario a finales del siglo XIX y, por tanto, de haberse evitado todos los marrones que pasamos hasta que llegó Juan Carlos I y ganamos medallas en las olimpiadas de Barcelona y todo eso.

La guerra civil

L a guerra civil fue un momento histórico de mucha pena en el que unos españoles se pegaron con otros. Fue tan horrible que incluso a algunos se les llegó a ver la mala inteneión de romperle las gafas al vecino y hacerle burlas. Durante toda la contienda reinó un ambiente muy tenso y se escucharon frases como «TE VAS A CAGAR» y otras casi peores.

La guerra constituyó el mayor fracaso de nuestra historia. Fue una lección que conviene tener presente para que no vuelva a ocurrir, ya que la historia que se olvida está condenada a repetirse. Que se lo digan si no a Lorenzo Quete, estudiante de BUP, que por olvidarse de la rebelión en el siglo XVI de los Países Bajos tuvo que volver a examinarse en septiembre y repitió curso.

Resulta difícil saber exactamente lo que sucedió en el conflicto porque, como hubo tantísima gente envuelta (unos en el conflicto y otros en mantas de la Cruz Roja), a cada uno le pasó una cosa distinta, y ya se sabe que cada cual cuenta la historia según el color del cristal de sus gafas.

Lo que está clarísimo es que las cosas debían de

andar fatal, porque lo suyo hubiera sido que los unos llamaran por teléfono a los otros para quedar a charlar en un bar e intentar solucionar los problemas. Aunque les hubieran dado las cuatro de la mañana, mejor habría sido quedarse una noche con sueño, que salir a la calle a darse palos. Bastante sufrimiento tenían ya los padres de familia de entonces sabiendo que su hijo andaba por ahí como un loco con la moto, como para encima estar pendientes de si al niño le volaban las orejas de un tiro en las trincheras.

Pero no pudo ser. Los españoles de entonces (y un emigrante polaco que vivía en Salamanca y le pilló el marronazo de lleno) tuvieron que decidir entre defender el sistema republicano o ayudar a los que sacaron las pistolas en nombre del general Sanjurjo (no confundir con San Jurgol, patrón del balompié en Andalucía; ni con Sanjenjo, que es una playa de Galicia). De repente y sin previo aviso, sólo se podía ser en España dos cosas: nacional o republicano. Esto fue terrible y creó mucha confusión, sobre todo en el emigrante polaco, que no dominaba todavía el castellano y no comprendía cómo, siendo extranjero, él podía ser nacional al mismo tiempo.

Hubo un señor que quiso protestar por la radio y llamó confundido al programa de cine de Pumares diciendo que él por qué «*» (sustitúyase el asterisco por una palabra que designe un cuerpo esférico de cualquier materia) tenía que hacerse de uno de esos dos equipos cuando había sido del Betis de toda la vida. Y le contestó Pumares diciéndole que el título no le sonaba pero que por los datos creía que se trataba de una de Ozores.

Como las cosas estaban así, todo el mundo tuvo que

tomar partido. Unos eligieron bando por afinidad de ideas, otros por ignorancia, otros porque no les quedaba más remedio y algunos, como Luisa Alsa Perrys, por vengarse personalmente de una compañera de colegio a la que tenía asco y estaba en el bando contrario. Y eso tampoco era, oiga. El único que no tomó partido fue un señor de Cuenca, don Fermín Deciso, que no sabía por quién optar. Su mujer le decía: «Fermín, decídete de una vez, que me preguntan todos los días en la plaza que a ver con quién vamos.» Y Fermín se llevaba la mano a la frente pensativo: «Mañana te lo digo, Elenita, que es que en estas cosas hay que recapacitar.» A lo que su mujer siempre respondía: «Ay, Señor, qué cruz de marido. ¿Cuándo querrá llevársenos el Señor de este valle de lágrimas? Como una esclava me tiene todo el día.»

El caso es que el matrimonio pasó la guerra sin problemas, porque cada vez que venían a preguntarles a casa de qué parte estaban, la chica de servicio decía: «Los señoritos van con los buenos.» Y como nacionales y republicanos pensaban que se referían a ellos, ambos les dejaron en paz.

Al margen de lo que pensaran unos y otros, la guerra no fue una pelea entre buenos y malos, porque de todo había en los dos lados. De hecho, en el bando republicano se dio el caso de un señor malísimo que una vez ayudó a cruzar la calle a un ciego. Y en el nacional, el de un señor santo varón, que una vez se tiró un pedo en misa. (Este último hecho se atribuyó al conde Pendiente de Ultramarinos y consta en los archivos de la catedral de Aletas de la Frontera, ya que el cuesco alcanzó un 8,5 en la escala Richter, con vientos racheados del noroeste, lo que provocó la descomposición parcial de la casulla del monaguillo suplente, Inesito Cinode Cielo.)

LOS ANTECEDENTES DE LOS PRECEDENTES O «MIRA QUE TE LO DIJE, JULIAN»

El problema no surgió de un día para otro. Ciertamente, la víspera del 18 de julio de 1936, Franco y Azaña lo echaron a pies y sacaron dos equipos. El mal ambiente general reinaba hacía tiempo como consecuencia directa de un ataque de nervios que le venía dando a España desde el final de la Primera Guerra Mundial.

Desde 1876 España se había regido por las reglas de la monarquía de la Restauración (no confundir con el restaurante El Monarca, Carretera de la Playa, km. 17,200. Abierto domingos y festivos. Zonas ajardinadas. Aparcamiento propio. Bodas, bautizos, comuniones y comidas de empresa). Esta forma de gobierno se la inventó un tal Cánovas, que fue un presidente que tenía un castillo y grabó un disco de éxito: *Señora azul*, de Cánovas, Rodrigo, Adolfo y Guzmán.

Cánovas del Castillo, al que sus compañeros de colegio llamaban *Torreones*, instituyó en España, por la cara, un gobierno oligárquico. Esta palabra que suena a un taco tan feo como «tu padre» o «el tuyo, pa que no ladre», significaba que el poder estaba en manos de un grupo de colegas que se habían reunido con ellos mismos y habían decidido que eran los más listos, los más guapos y los que marcaban más paquete, y por tanto era la voluntad de Dios que gobernaran ellos. Y encima, estos mismos, conocidos popularmente como «vaya morro que llevan los pollos», tenían el control de todos los negocios, y los bancos y los grandes almacenes de entonces y las tierras y todo.

O sea, que en aquella época, en España, o nacías con un apellido bien o no te comías ni media rosca, aunque fueras más listo que *Calisto* y tuvieras un *master* por la Universidad del Sur de California. (Apellidos bien eran, por ejemplo, DE LA BELLACASA, CAMPO FLORIDO, TALLAS GRANDES, etc. Y apellidos mal eran: MUCHAROÑA, GÓMEZ DEL PRINGAO, JIMÉNEZ DE MARRONAZO y otros.)

Allí, los que cortaban el bacalao eran los hijos de buena familia. Estos solían tener nombres compuestos como Jorge Maite o Carmen Alberto. El típico hijo bien vivía en casa de sus padres hasta los treinta y cinco años, aunque, eso sí, tenía otra línea de teléfono en su habitación. Su padre poseía negocios que él nunca supo muy bien en qué consistían, pero que le iban dabuti, y su madre se pasaba el día en la parroquia, con lo cual el hijo no veía nunca a los padres y estaba en casa a sus anchas. Su ritmo de vida consistía en levantarse muy tarde, ir a comer a la sauna del Castellana Squash diciéndole a la camarera de la barra: «Hoy llevo un día perro», pasarse un par de horitas por una de las empresas del padre para justificar su puesto de director de Marketing, volver a cenar a casa y salir a tomar copas a Pachá hasta las tantas. El hijo de familia bien solía tener un hermano pequeño, de veintiocho años, que repetía por undécima vez segundo de Derecho, y una hermana que conducía un descapotable blanco con una pegatina de Snoopy con la bandera de España. El hermano pequeño, cuando ya decidía abandonar la carrera y casarse con una Gunila, un amigo del padre le nombraba gobernador civil de Cádiz. El día de la toma de posesión, salía al balcón y gritaba a la multitud frases como:

> «Yo también sé lo que es el trabajo, os lo juro por Snoopy que a mí nadie me ha regalado nada.»

Y otras memeces por el estilo.

Esta forma de gobierno tan elitista coló durante unos años porque, como no se habían inventado ni los cursos de verano de la Universidad Menéndez Pelayo, ni *Informe Semanal*, ni Bardem y Berlanga, ni nada de nada, los españoles no se daban cuenta de que los que mandaban los tenían «marginaos a estilo indios». Pero, hacia 1917, entre las noticias que habían ido llegando de la Gran Guerra y lo que dijo Pérez, que estuvo en Europa y vino encantado de todas las cosas que vio por allí, prácticamente todo el mundo en España tenía clarito lo que era el capitalismo. Todos menos un señor muy burro de Gijón, Ponce Jascorridas, que por más que se lo explicaban sus hijos, al tío no le entraba el concepto. Reproducimos aquí un extracto de una conversación mantenida en la sobremesa entre el matrimonio Jascorridas y un hijo gemelo que tenían:

PADRE: O sea, que eso del capitalismo es que ponen en la tele películas guarras y to eso, ¿no?

HIJO: No, padre, no es eso.

MADRE: Come un poquito más de pisto, Ponce.

P.: Yo lo que digo es que no hay derecho a que vayan a poner na más que porquerías en el programa de Nochevieja.

H.: Pero si no es eso, padre.

M.: Ponce, pica un poco más de pisto.

P.: Déjame mujer, que estoy lleno.

M.: Lleno, dice, y no ha comido nada. ¡Ay, Señor, Señor, qué marido éste..! Desde luego es que esta familia es un sinvivir diario. Guisa una para nada. No se lo agradecen nunca... A ver si viene el capitalismo y reventáis, que no pensáis más que en el sexo.

Al resto de la gente, la forma de vida que estaba adoptando gran parte de Europa le parecía razonablemente deseable. Algunos, como la sevillana Carmen Opausia, ya empezaban a hacerse sus pequeños planes:

¿Sabes lo que te digo, colega?, que en lugar de seguir partiéndome la espalda por la miseria que me da el señorito, le pido un crédito al Hispano al dieciséis por ciento y me monto una cadena de Telepizzas en la zona centro.

Pero los que mandaban, que tampoco eran imbéciles, pasaban de darle el crédito porque querían controlar ellos todo y seguir acaparando los beneficios. O sea, que la vida seguía igual, con la única diferencia de que los de abajo ya se daban cuenta de que los de arriba no eran tan listos ni tan guapos como ellos creían.

En la radio empezaron a poner canciones de Carlos Cano que decían cosas como «Falote, que ya está bien de chupar del bote», y en la casa de los que vivían a tutiplén, con vídeo comunitario y cocinera particular, se encendió por primera vez la luz roja de alarma. Estamos hablando, salvo honrosas excepciones, de las grandes familias con mucho dinero, de la jerarquía de la Iglesia y de los mandos del Ejército.

Los ricos se oponían al cambio por razones obvias. Por ejemplo, una familia que tenía media Andalucía, con jornaleros que trabajaban tan contentos sin agua corriente en sus casas, temía que, de repente, influidos por las nuevas ideas judeomasónicas, los labradores le pidieran aumento para poner retrete, y al final, entre pitos y flautas, tuviera que alquilar uno de los apartamentos de Nueva York para afrontar gastos. Y esto, quieras que no, les suponía un disgusto porque ese piso ya lo tenían pensado para cuando el hijo mayor fuera a estudiar COU a Estados Unidos. A otra familia, que poseía un coto privado de caza en Extremadura, le aterraba la idea de que la hija de los guardeses de la finca se negara a venir a servir a su casa de Madrid porque prefiriese estudiar filología germánica en la Complutense. Soponcio que se comprende, pues ya en aquella época se venía comentando «lo mal que está el servicio».

A la Iglesia (no al curilla de a pie, sino a la alta jerarquía) también le venía fatal que las cosas cambiasen. Sus miembros, que hicieron célebre la frase «Vives como un cura», tenían más tendencia a salir en procesión, bajo palio de terciopelo, que a irse al Pozo del Tío Raimundo a compartir chabola con los más necesitados. Y, por otra parte, tampoco les entusiasmaba la idea de que dejaran instalar un kiosco a otras religiones, no fuera a ser que algunos socios, como Peret, se les hicieran evangelistas o de otras cosas.

Y el Ejército, por último, se había acostumbrado al

estilo autoritario y colonial con el que salió de la guerra de Marruecos. El discurso anual de bienvenida a los nuevos soldados que el teniente Vasacagar pronunciaba en su regimiento de caballería, sirve de ejemplo para ilustrar este punto:

> ¡Señores, esto es caballería y aquí se bebe vino; ni refrescos, ni sidra, ni cerveza, ni bebidas homosexuales de esas! ¡Ustedes son los soldados y yo soy el teniente y aquí mando yo! ¿Ven eso? ¡Pues es mi despacho y ahí no entra ni Dios! Y si viene Dios, llamará a la puerta. Toc, toc, toc. Y yo diré: «¿Quién es?» Y él me dirá: «Soy Dios.» Y yo le diré si pasa o no pasa.

Además, por aquel entonces los mandos ya tiraban de reclutas para hacer arreglos de fontanería en casa y de chófer oficial para llevar a la mujer a la peluquería. Y claro, les suponía un engorro tener que prescindir de todo eso.

El problema estaba detectado: eso de unos pocos viviendo muy bien y muchos renqueando ya no podía ser. Urgían soluciones. España tenía que cambiar de manera de vivir, pero como por aquel entonces no habían nacido ni el rey Juan Carlos ni Adolfo Suárez, se montó un lío de cuidado. Todo el mundo tenía ideas distintas de lo que había que hacer, pero nadie estaba dispuesto a comentarlas con los demás o a someterlas a votación. Allí, quien más quien menos, venía a decir: «O jugáis como digo yo o me llevo el balón.» Y en lugar de juntarse para conseguir cambiar las injusticias sociales entre todos, cada grupo protestaba por su lado. Y así, a ver cómo iba a funcionar esto...

No había manera. Además, se trataba de igualar los derechos de todos, no de que los ricos fueran otros distintos. Porque claro, para hacer lo que hizo Lenin en Rusia, que quitó al zar y a cambio se puso él mismo de emperador (o pez espada), pues ya me contarás tú. Y eso es lo que pasaba aquí, que todo el mundo piando «que no hay derecho, porque los ricos tal y cual», pero en el fondo no había ninguna solidaridad social y lo que querían era vivir ellos en casa de la duquesa de Alba. Y, claro, todos los españoles en casa de Cayetana no cogían.

En el centro de investigación histórica de Gomaespuma se dedicaron muchos meses a estudiar esta sorprendente forma de pensamiento. Nuestros expertos concluyeron que, de ponerse en práctica, se crearía lo que se ha dado en llamar el Efecto del Robin Hood Interminable. Esto consistiría en que Robin Hood, o los comunistas, o quien correspondiese en cada caso, robarían a los ricos para dárselo a los pobres. Con este motivo, los ricos se volverían pobres y los pobres ricos y Robin Hood tendría que verse obligado a robar a los nuevos ricos para devolvérselo otra vez a los nuevos pobres. Y así interminablemente hasta la muerte de Robin Hood. Todo ello contando con que los hijos del salteador de caminos no siguieran el negocio del padre, con lo cual estaríamos ante la teoría del Péndulo de riqueza Robinhoodiano, que dice que todo el mundo sería rico y pobre unas cuatro veces en la vida, lo cual crearía un mundo fatal, porque con esas perspectivas de futuro, a ver a quién le iban a dar un crédito para comprarse una casa.

Esta manera radical de entender el cambio que, en lugar de querer evolucionar sobre lo ya andado, pretendía dar la vuelta a la tortilla, estaba representada entonces por la extrema izquierda. En el otro lado, los más derechistas se inclinaban por conservar la tortilla como estaba sin que nadie la moviese. Y por la calle del medio, que eran los más, aunque también los que menos ruido hacían, iban los demócratas, que propugnaban cambiar la tortilla por un revuelto en el que todos pudieran aportar algún ingrediente.

Los primeros intentos de cambio comenzaron en el año 1917, tras demostrar el sistema bipartidista su incapacidad para arreglar las cosas. El bipartidismo había consistido en que un rato mandaba el partido liberal y otro el conservador. Cuando los liberales llegaban al poder, echaban a todos los funcionarios conservadores de los ministerios y ponían a los suyos, hasta que volvían los conservadores y ponían en la calle a los liberales y volvían a meter a los de antes. Y así no había quien hiciera nada, porque cuando unos ya empezaban a hacerse con el puesto y rendir en el trabajo, llegaba el motorista con la carta de cese y a volver a empezar. Además, los funcionarios que sabían que les iban a echar pronto se aprovechaban y llamaban por teléfono a Japón y otros sitios, dejándole a la administración siguiente un agujero económico imposible de subsanar.

A los únicos que de verdad les benefició ese sistema fue a las compañías de mudanzas, que no daban abasto metiendo en cajas de cartón los libros de derecho comparado de Aranzadi, las dianas de dardos y los posters del Che o las imágenes del Sagrado Corazón de los despachos de los directivos.

Entre los trabajadores de ministerios de entonces podemos distinguir tres clases de funcionarios:

SEÑORAS CON CARA DE PERRO

Solían ser hijas de familia bien que se quedaban solteras. Unas veces ocurría porque nacían con la cara de perro puesta y este hecho, contrario al gusto de la época, les imposibilitaba el casamiento con Mario Conde o alguno de ésos. En muchas otras ocasiones, sin embargo, se les ponía cara de perro debido al egoísmo de sus padres, que les impedían a toda costa el matrimonio para seguir teniendo en casa una esclava gratis. Como consecuencia, ellas entraban a trabajar de secretarias en un ministerio, pero ya iban de mala gana todas las mañanas.

Siempre que uno se acercaba a hacer algún papeleo tenía que enfrentarse a estos especímenes, que le aguardaban detrás de la ventanilla distribuidos de la siguiente manera:

- Ninguna señorita atendiendo en la ventanilla.
- Una dándole al ganchillo en una silla alejada unos metros de la ventanilla y haciéndose la sueca ante la frase del visitante que por tercera vez repetía: «Perdone, señorita, ¿me podría usted decir...? ¿Señorita?...»
- Otra a punto de salir del despacho, con una mano ya en el pomo de la puerta y diciéndole a la compañera en voz baja: «Marisa, me bajo a tomar un cafetito.»

Las señoras con cara de perro solían ser fácilmente reconocibles fuera del lugar habitual de trabajo, ya que se reunían por las tardes en una cafetería a merendar tortitas con nata y sirope. Normalmente iban muy repintadas, fumaban rubio mentolado extra largo e, incluso en verano, llevaban encima un chaquetón corto de piel de cordero o conejo.

DIRECTORES MUY JÓVENES CON IDEAS MUY JUVENILES Y ARRIESGADAS

Accedían a puestos directivos por designación directa del Consejo de Ministros, o sea a dedo. Se les distinguía porque llegaban, más bien tardecito, montados en un Alfa Romeo 16 válvulas y eran los que, contra todo pronóstico, a pesar de su edad y su educación, trataban peor a los bedeles y a las señoras de la limpieza.

Solían tener entre treinta y cinco y cuarenta años y ellos mismos se consideraban muy jóvenes y declaraban estar en contacto con los problemas reales de la juventud española, porque en el coche escuchaban una *cassette* de Mocedades.

Para darse importancia y, a pesar de su desconocimiento del idioma, de vez en cuando soltaban alguna palabrita en inglés. En las reuniones decían *pin* en lugar de «insignia», y cuando iban a comer a una cafetería pedían un *bowl* de ensalada, en vez de utilizar la palabra castellana «cuenco», con lo bonita que es.

Se les reconocía fácilmente por tener el pelo peinado hacia atrás con rulitos en el cogote, llevar un Rolex de oro, vestir trajes azules cruzados de Cortefiel con doble abertura trasera en la chaqueta (lo que se conocía popularmente como «pedo libre»), y tener como máximo objetivo en la vida el conseguir hacerse una foto dándole la mano al Rey, al Presidente de la República, a Franco o a quien mandase, para ponerla en el despacho y fardar con las amistades.

Los problemas de España que estos «funcionarios superjóvenes» se dedicaban a resolver eran tan importantes como, por ejemplo, el número de ventanas a la calle que debería tener cada despacho, según el escalafón del que lo ocupase... Y así, se dio el caso en el Palacio de La Moncloa de un director general al que le gustaba mucho un despachito pequeño y con vistas al patio y tuvo que dejarlo por otro muy frío, pero con balcones enormes, porque el Julio Feo de entonces le dijo: «Tú eres revolucionario o qué.»

TÉCNICOS PROFESIONALES

Accedían al ministerio por oposiciones y eran los que verdaderamente conocían, gracias a su formación profesional y su experiencia, la mejor manera de solucionar los problemas. Solían tener gafas y ser padres de familia numerosa. Habitualmente, no se les hacía ni caso, porque los directores generales estaban más preocupados de salir en los periódicos que de hacer las cosas bien. Los técnicos profesionales se aburrían como monas en el ministerio y estaban deseando que se les presentase una oferta del sector privado para hacerle un corte de mangas al secretario de turno. Lo que pasa es que por aquella época todavía no habían salido las contratas para la Expo 92, ni *El País* publicaba la sección de Trabajo, con lo que encontrar una buena colocación estaba más crudo que el engrudo.

Debido a la alternancia de partidos, los directores jóvenes liberales tenían que dejar el sillón a los conservadores y viceversa. Se iban los directores y se quedaban los técnicos y las señoras con cara de perro a la espera de que vinieran los otros, que resultaban ser prácticamente iguales. La única diferencia básica es que los liberales concedían entrevistas a la SER y los conservadores a Antonio Herrero, pero tanto liberales como conservadores vivían en chalets adosados cerca de Madrid y los fines de semana iban en chándal a comprar el periódico con un suplemento dominical.

El bipartidismo estaba basado en el verbo latino *bipartus*:

> Yo bi parto
> Tú viste parto
> Ella rompió aguas con gafas y no vio nada
> Nosotros bipartimos
> Vosotros ¿qué?
> Ellos parten
> Los que se van ya volverán.

Este concepto de relevo en el poder que resultó fácil de entender a todo el mundo, en ocasiones fue objeto de malas interpretaciones. La más dramática la protagonizó el árbitro de fútbol Joseba Lompié que se armó un lío con lo de los dos partidos y, a pesar de las protestas de los jugadores, hizo repetir dos veces la final de la Copa del Rey del año 22.

ADIOS AL SISTEMA DE ALTERNANCIA

En 1923, el sistema bipartidista se marchó definitivamente a hacer gárgaras y, con el visto bueno del rey Alfonso XIII, un general se nombró a sí mismo emperador de España. El militar en cuestión se llamaba Primo de Rivera (aunque Rivera siempre negó que fuera primo suyo) y los siete años que mantuvo su poder absoluto tampoco le sirvieron a este país de nada bueno.

En 1930, el rey y los que le rodeaban se dieron cuenta de que habían metido la pata dejando a España en manos del Primo de Rivera (aunque Rivera siempre negara que fuera primo suyo) y quisieron echar marcha atrás y empezar de nuevo como si no hubiera pasado nada. Pero la gente le dijo que menudo morro, que cómo se iban a fiar ya de un rey que era capaz de hacerles ese tipo de faenas. Alfonso XIII, silbando la melodía de *El puente sobre el río Kwai*, se hizo el loco pretendiendo que los siete años de dictadura no habían existido. En aquella época era habitual escuchar al monarca pronunciar frases como: «¿Primo de qué?, ¿cómo dice señorita, que no la escucho bien?, ¿Rivera?, creo que me confunde con otro caballero», y otras por el estilo.

Ya era demasiado tarde para cambiar y los resultados de las elecciones municipales convocadas por el Gobierno del almirante Aznar favorecieron un cambio de régimen (debido al disgustazo, Aznar dejó de tomar pasta e hidratos de carbono y empezó a comer sólo verduras y fruta, siguiendo la dieta de Rafaella Carrá).

En vista de que los republicanos habían ganado en las grandes ciudades, el rey llamó a la agencia de Viajes Meliá que quedaba más cerca del palacio real y se sacó unos billetes de tren para Roma. «¿Los quiere usted tarifa excursión o días azules?», le preguntó la señorita que contestó el teléfono. A lo que Alfonso XIII respondió: «Pero bueno, ¿es usted idiota o qué?»

A los pocos días, el soberano y su familia abandonaban España. En su destino le esperaba un señor de Politours con un cartelito que decía: «Señor Borbón.»

En 1931 llegó la República, un 14 de abril, que coincide además con el cumpleaños de un amigo nuestro, que siempre se nos pasa felicitarle y quedamos fatal. Por primera vez, roqueros, intelectuales, fabricantes de porteros automáticos, estudiantes, comerciantes de provincias, profesores, compañeros del metal y señoras sin ganas de quedarse en casa haciéndole el filete al marido tuvieron acceso a los centros de decisión sin necesidad de apellidarse Cabeza de Buque o Grande de Murcia.

Los que mandaban estaban por aquel entonces redactando una nueva Constitución y tenían en la cabeza la idea de separar la Iglesia del Estado. Incluso se habían comprado una sierra de pelo y todo porque, como las dos instituciones habían estado pegadas tanto tiempo, era necesario separarlas con mucho cuidado y justo por el borde, para que no se quedase en un lado un brazo suelto de un ministro y en el otro la pierna de un monaguillo. Y en eso tan delicado andaba el catedrático Luis Jiménez de Asúa y su comisión parlamentaria cuando llamaron los más rojeras para pinchar y meter agobio. Los rojeras empezaron con que si sois unos cobardones, que si por vuestra falta de firmeza va a surgir un Mussolini a la española y nos va a meter a todos en vereda, que si tenéis que tomar ya medidas drásticas con la Iglesia (como, por ejemplo, obligar a las monjas a llevar falda-pantalón) y cosas así... Todo el santo día se lo pasaban pegados al teléfono llamando con el mismo rollo a Indalecio Prieto (no confundir con la canción de las Mamachichos *Me aprieta Indalecio, mamá*) o a Manuel Azaña, hasta que, a base de incordiar, consiguieron que la Constitución tuviese un aire abiertamente anticlerical. Esto generó malestar, dolores de cabeza, pequeños mareos y congestiones intestinales en un amplio sector de la población. Y era lógico, pues, en un país de mayoría católica, ir en contra de la Iglesia es tan ridículo como clavarse una daga en la espalda todas las mañanas antes de ir a trabajar. Y claro, no era plan.

En primer lugar, la Constitución prohibía la dedicación a la enseñanza a las órdenes religiosas. Con esto, si bien se suprimía a personajes como don Juan de Dios Valero Terrón, profesor de matemáticas de los Sagrados Corazones, que levantaba del suelo a los alumnos cogiéndoles de las patillas al grito de: «Te voy a poner un cero rojo que te va a levantar ampollas de sangre», por otro lado privaba a los estudiantes de buenos profesores como el padre Dámaso, que, todo hay que decirlo, sabía un huevo de Ciencias Naturales.

En segundo lugar, la Constitución del 9 de diciembre de 1931 disolvía, aunque sin mencionarla, la Compañía de Jesús, lo cual, al margen de otras consideraciones, constituía un proyecto prácticamente inviable, pues, si ya cuesta un montón disolver una cucharadita de Cola Cao sin que haga grumos, a ver cómo iban a disolver a tantos cientos de jesuitas sin que se hicieran nudos con las sotanas, ¿eh? ¡Los listos de ellos! No, es que las cosas hay que pensarlas antes para que luego no...

Si a este anticlericalismo sumamos que en mayo del mismo año un grupo de personas carentes de bulbo raquídeo se habían dedicado a quemar conventos en Madrid, Andalucía y Valencia, comprenderemos la angustia que se les metió en el cuerpo a los cientos de miles de católicos españoles. Miedo que no favorecía la marcha de la República, sino que, al contrario, la ponía en entredicho.

A estas desgracias había que añadirles que el paro iba en aumento, debido en parte a la multitud de emigrantes que regresaban de Europa; que los militares estaban molestos porque les recortaron gastos y se anunció que todos los ascensos y medallas que ellos mismos se habían concedido durante la dictadura no colaban y había que devolverlas, que los anarquistas iban a su aire creando confusión por todas partes sin objetivo racional aparente y que un señor de Badalona estaba enfadadísimo porque le habían robado el radiocassette del coche a la puerta de un cine y dijo que como se enterara de quiénes habían sido los ladrones estaba dispuesto a chivarse. O sea, que la cosa estaba como para andarse con bromas.

Había quienes creían en soluciones pacíficas y democráticas para tanto lío social, como el ministro Indalecio Prieto. Pero sus propios compañeros del PSOE le hicieron el vacío y le llamaron «gafotas, cobarde, gallina, Indalecio de las sardinas», y cosas peores, porque Prieto (no confundirlo con el grupo No me aprietes que llevo chanclas) no quería hacer la revolución con pistolas por la calle. Y así pasó lo que pasó. Los obreros de Asturias, que habían ido a ver el musical *Los Miserables* la noche anterior, llenos de fervor proletario se lanzaron a la calle a hacer su propia revolución. Por unos días, los del Oviedo y los del Gijón casi, casi, estuvieron de acuerdo en algo. Pero la liaron bien buena y al final la policía les dio «pal» pelo a todos, y más a los que menos se lo merecían. Con lo que ya no te cuento cómo dejaron el patio.

Por su parte, la CEDA, el partido de Gil Robles, por miedo a que surgiera un Lenin con boina, no hacía más que dar la vara para que el Gobierno fuera más severo y no permitiera autonomías a los catalanes ni cosas de ésas. Gil Robles estaba a todas horas mandando faxes: «Que mirar lo que ha pasado en Asturias, que ya os lo he dicho, que los rojos nos van a merendar...», y quejas de este tipo, porque Gil Robes estaba muy mimao y por cualquier cosita enseguida piaba. Pero el tío, a base de ser pesao y marear la perdiz, consiguió que metieran a un montón de gente en la cárcel acusados de antipatriotas, lo que provocó que muchos españoles cogieran una rabieta.

Tanto ruido hacían los extremistas de uno y otro bando por aquel entonces que la mayoría de los altos cargos republicanos fueron incapaces de sacar sus proyectos adelante debido a sus continuas vacilaciones. Y al final, el grupo socialmente dominante se sirvió de ese vacío de poder y del agobio general en que se vivía para imponer por la violencia la salida de la crisis.

EL REY DE LA RUMBA SOY YO

El 18 de julio de 1936, varios generales, apoyados por el partido de Gil Robles, por la Falange y por el dinero de Juan March y la Editorial Católica dijeron que España eran ellos y todo el mundo quieto parao. Y así pasó que una pareja de recién casados de Segovia que llegó a Madrid de viaje de novios para pasar una semanita, se tuvieron que quedar tres años. Ella, que era la más sensata, le decía al marido: «No te preocupes, Ramón, si en Madrid hay muchas cosas que ver.» Pero como él era un soso y no le gustaban los museos, ni el cine, ni las discotecas, ni nada, se pasó todo el conflicto quejándose.

Los generales que se sublevaron le pusieron al golpe de estado el nombre de «alzamiento nacional». Con ello pretendían transmitir la idea de que toda la nación se había levantado de golpe, a la misma hora y cogidos de la mano contra los que mandaban entonces. Hoy sabemos que esta afirmación resulta un pelín exagerada, puesto que si ya es difícil en este país quedar con dos amigos y que ambos lleguen a tiempo, no se cree nadie que de repente todos los españoles hicieran algo a la vez, y encima, puntuales. Parece más cierto que mientras se alzaban unos pocos, los demás estaban todavía en la cama sin sospechar siquiera lo que estaba pasando, máxime si recordamos que el despertador de pilas no estaba inventado todavía.

La sublevación triunfó sin muchos problemas en casi toda la España del campo (que es la parte de España en la que por más que te fijes no ves ni una boca de metro en el horizonte). Sin embargo, en las zonas industrializadas (que son las partes de España en las que por más que te fijes tampoco ves una boca de metro) los obreretes, y en general la gente un poco más cultivada, permanecieron fieles a la República. Se dieron, no obstante, victorias sorpresa como la de Oviedo, donde el general Antonio Aranda engañó a los líderes obreros. Disfrazado de pastorcilla llamó a las puertas de la ciudad y le contestaron desde adentro el Nicolás Redondo y el niño de Comisiones de entonces.

OVIEDO: ¿Quién es?

ARANDA: La hija de Clinton, que viene a traeros unas pegatinas de la NBA.

O.: A ver, enseña la patita por debajo de la puerta.

Aranda se cambió las botas militares por unas blancas de agua y asomó la puntera por debajo del quicio.

O.: No te creemos. Te apestan los pies. Tú eres militar o algo.

A.: Que no, tontos, que soy la Chelsey. Lo que pasa es que sudo un poco.

O.: Pues si eres ésa, habla en inglés, lista.

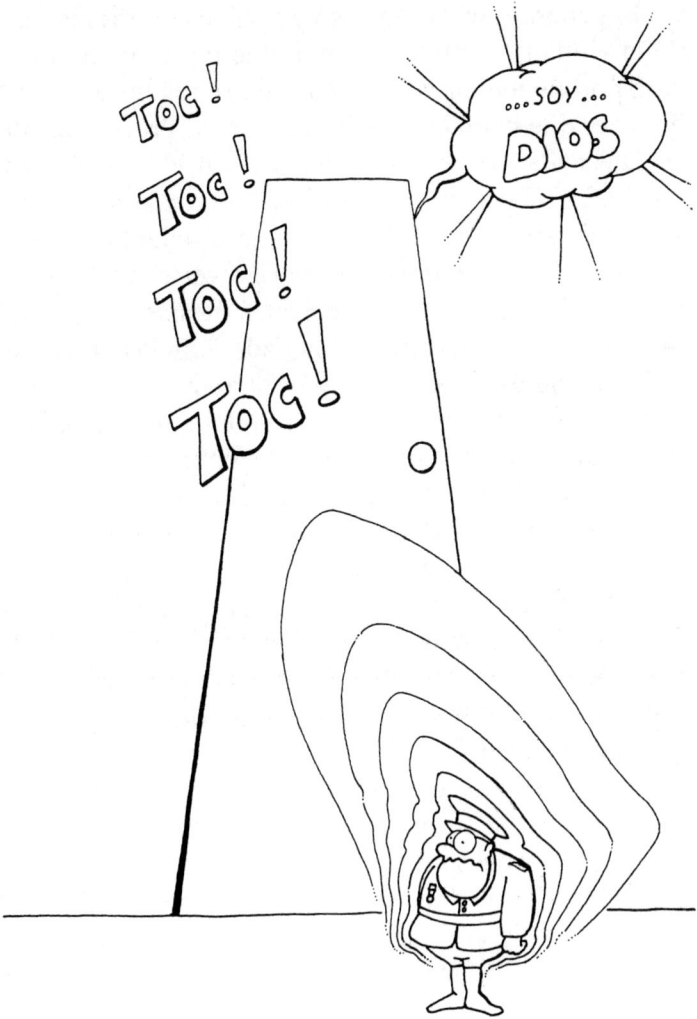

A.: Guachi, guachi, guachi, guachi.

O.: Ah, pues sí que eres. ¡Ahora abrimos!

El general sublevado pasó y se hizo con los mandos de la ciudad. Los líderes obreros le miraron con mala cara porque tenían mal perder y no se resignaban a reconocer que habían caído en la trampa. Prueba de ello es que nada más entrar Aranda les dijo: «Inocentes, inocentes, inocentes», a lo que ellos respondieron: «Buh, si ya sabíamos que eras tú. Nos dimos cuenta desde el principio, lo que pasa es que por no verte sufrir...»

También se produjeron derrotas inesperadas, como la de Valencia y Barcelona, ciudades con las que Mola y Franco contaban en principio, pero que no quisieron sumarse a la rebelión porque sus habitantes ya habían quedado y les venía un poco mal cambiar la cita.

Enseguida, España quedó dividida en dos equipos y a ambos lados del campo empezaron a ocurrir episodios absurdos. Se dieron casos como el de un señor que fue a la pastelería a comprar doscientos gramos de petisús y a la hora de pagar no quiso soltar un duro. Interrogado por el cajero, declaró que como el dueño del local era «homosexual, comunista», que los pasteles los pagara Fidel Castro. Y claro, aunque le intentaron explicar que nada tenía que ver una cosa con la otra, el tipo, ofuscao, se fue sin pagar, y a ver qué iban a hacer.

Se dio otro caso de una señora que estaba haciendo auto-stop y le paró un coche. Cuando ya iban a arrancar, el conductor le vio una chapita que llevaba en el abrigo y le preguntó: «Y, ¿eso?», a lo que la señora respondió: «Unas flechitas de la Falange que me ha regalado mi marido. Nada, bisutería barata, porque, hijo, es que no se le ve un detalle», y el tío, enfadadísimo, la echó del coche, llamándola derechista y de todo. Y eso que ya tenía la bolsa de viaje metida en el maletero, con lo que le había costado subirla, que pesaba un quintal. O sea, que ya te digo: estaba todo hecho un asco. Las guerras civiles es lo que tienen, que a la gente enseguida se le hincha la vena del cuello y salta a la mínima. Y hay que ir con mucho cuidado porque si a lo mejor en el autobús empujas a uno sin querer, te pueden montar un pollo tremendo.

En los primeros meses de la guerra, LA REPÚBLICA iba perdiendo por dos y además tenía varios titulares lesionados. En vista del panorama, el Gobierno solicitó ayuda de Francia, pero los franceses, que son más bien «calzonazos», disimularon diciendo que estaban muy ocupados preparando el Tour. Y, por si fuera poco, convencieron a Inglaterra de que tampoco echara una mano, con la disculpa de la «No intervención», que no veas tú la rabia que da eso de la «No Intervención», porque suena a muy liberal y muy humanitario, pero que se lo pregunten a los yugoslavos a ver si les parece humanitario. Ya verás lo que te dicen, ya.

Por su parte, el entrenador de LOS REBELDES, el general Mola (conocido posteriormente en Madrid como Príncipe de Vergara), declaró en una entrevista concedida a Galavisión desde su sede en Navarra:

> «Es una guerra muy difícil. El contrario está muy fuerte. Nosotros vamos a salir a ganar. Tendremos que abrir los ataques por las bandas y no bajar la guardia porque, hasta el rabo, todo es toro.»

LOS REBELDES ganaron prácticamente todos los partidos de ida contra LA REPÚBLICA en Guipúzcoa, Zaragoza y Valladolid. Y sobre todo, barrieron en el sur, donde Franco (conocido posteriormente como «Franco, Franco, Franco, Arriba España») fichó extranjeros para sus filas. Primero se trajo a un brasileño, Renato; pero como estaba siempre lesionado lo cedió a un equipo portugués. Luego contrató a cincuenta mil marroquíes con trabuco y lanza.

En vista del éxito, Franco, anticipándose ya a la idea del Mercado Común, buscó un patrocinador para su equipo en Europa. Negoció con Alemania e Italia y consiguió que ambos países le mandaran barcos para cruzar el Estrecho. Los italianos querían que a cambio de ello los soldados de la llamada Legión Extranjera llevaran impreso Leche Pascuale en las camisetas, pero Franco dijo que ni de coña. Al final Hitler y Mussolini se contentaron pensando que si ganaban, se quedarían con las Baleares de regalo. Ya ves tú que eran más ignorantes que el asa de un cubo.

Total, que los cincuenta mil marroquíes cruzaron cargados de armamento, familias de elefantes de madera, alfombras, teteras y relojitos digitales a precio de Ceuta. Montaron su cuartel general en Sevilla y desde allí fueron subiendo para Córdoba, Mérida y Talavera.

Franco, por el sur, y Emilio Mola, por el norte, lograron ganar todas las batallas y dejar a LA REPÚBLICA a punto del descenso a segunda división. El último combate de la primera vuelta, a disputar en Madrid, se convirtió en decisivo para el título del campeonato. Se introdujeron importantes cambios en el equipo de LA REPÚBLICA. Ficharon un entrenador soviético y reforzaron la plantilla con armamento proveniente de Rusia. Por estos fichajes se pagó la astronómica cantidad de quinientos millones de dólares; o sea el equivalente a

toda la reserva de oro español más una pulsera de plata de la hija de Casares Quiroga. Un dineral. Por menos dinero se hubiera traído a los Rolling Stones y habrían dejado mejor sabor de boca.

Por su parte, LOS REBELDES experimentaron cambios en su directiva. Debido a la muerte en accidente de avioneta del general Sanjurjo, el 1 de octubre, Mola y Franco echaron a pies a ver quién se quedaba de presidente. Ganó Franco, que calzaba un 36 y no tuvo problemas al exclamar «monta y cabe» mientras colocaba su pie en el estrechísimo espacio que separaba su bota de la del otro candidato. Mola aceptó la derrota, pero se quedó un poco mosca, pues, según le confesó a su mujer aquella misma noche, sospechaba que el de El Ferrol le había hecho trampas. No tuvo tiempo para comprobarlo, pues murió en junio, también en accidente aéreo. De haber seguido con vida, probablemente se hubiera quedado de palo al ver que Franco, que se había comprometido con él a montar tras la guerra un directorio militar transitorio que devolvería el poder a los civiles en pocos años, se quedó a vivir en El Pardo cuatro décadas.

El 7 de noviembre comenzó la batalla por Madrid. Rompiéndose la buena racha del equipo visitante, el resultado fue claramente favorable a LA REPÚBLICA, que mantuvo durante toda la batalla una defensa impecable de su terreno de juego. Entre las prórrogas y los descuentos, la bromita duró seis meses, y así se llegó a la primavera de 1937 con empate de ambos equipos en la tabla.

A partir de ahí, debido en parte a las luchas internas y la desorganización de los Gobiernos de la República, las tropas al mando de Franco barrieron en casi todos los campos. Después de la paliza del Ebro, en noviembre de 1938, la suerte estaba echada y los países que habían ido de imparciales empezaron a reconocer oficialmente al gobierno militar.

El 28 de marzo de 1939, cuando entraron los «nacionales» en Madrid se pudo ver en el cielo un cartel enorme que decía: FIN.

Franco se nombró jefe de todos los Ejércitos, caudillo del único partido político legalizado, jefe del Estado, jefe del Gobierno y, menos mal que a su mujer le hacía ilusión tener una foto dedicada del Papa, que si no también se autoproclama pastor máximo de la Iglesia, como la reina de Inglaterra.

Una vez más la historia vino a demostrar que la violencia no soluciona nunca nada. Tanto los que perdieron mucho, como los que perdieron menos (porque en una guerra nadie sale ganando) se quedaron amargados. ¿Quién no tenía un primo, una hermana, un vecino o un conocido al que le hubieran hecho una fechoría? Un millón de personas habían perdido su vida con la intención de que los españoles pudieran vivir un poco mejor y más tranquilos. Al final de la guerra, en medio del hambre y la escasez de libertades, los únicos que vivían bien eran los mismos de siempre. Los ministros y banqueros seguían teniendo apellidos ilustres, la Iglesia seguía al lado de los ricos y los mandos del Ejército continuaron tirando de reclutas para que les hicieran los recados personales. Menos mal que Paquito Fernández Ochoa ganó una medalla de oro en Sapporo y, por lo menos, nos dio una alegría.

El abandono del pueblo
saharaui

El 3 de noviembre de 1884 el aragonés Emilio Bonelli llegó a Río de Oro, en las costas del Sahara, y pinchó en la arena la bandera española y un banderín del Fútbol Club Zaragoza. Desde allí le mandó una postal a su señora y otra a Cánovas del Castillo y se quedó a fundar las colonias.

A partir de entonces se creó una relación de mutuo interés y amistad entre las tribus del lugar y los españoles. Los nativos trabajaban para los extranjeros ayudándoles a sacar sus fosfatos, yéndoles a recados a la tienda y lavándoles el coche los domingos, en el oasis; a cambio de ello, mejoraron ostensiblemente su nivel de vida, aprendieron a pescar más peces con menos esfuerzo, descubrieron la paella valenciana y pudieron ponerle lavavajillas a la parienta en la jaima.

La vida fue transcurriendo apaciblemente para unos y otros, aunque de vez en cuando algunas tribus del interior, los Bu Amar, venían envidiosas a atacar y saquear un poquito.

Los españoles se encargaron de que nuestra cultura

fuera calando hondamente, hasta el punto de que, en 1957, Franco declaró que el Sahara era una provincia tan española como la de Cuenca. O sea, que los saharauis tenían que sacarse el DNI y examinarse de conducir pagando un huevo a las autoescuelas, como todo quisque. Con todo y con esto, llegó un momento en el que los saharauis decidieron agradecernos las labores prestadas y reclamar su autonomía. El Gobierno, que acababa de salir de la guerra de Ifni, en la que había perdido centenares de soldados, se hizo el sordo. Pero pasaron los años y, en la década de los setenta, eso de las colonias ya no se llevaba más que en el pelo. Así que no había más remedio que descolonizar el Sahara. Por las buenas o por las malas.

La forma que se eligió fue la de autodeterminación. Se convocó un referéndum para un día que hiciese bueno, cualquiera de los seis primeros meses del año 1975. Referéndum que, por otra parte, estaba montado en plan camelo, ya que se presentaba un partido llamado PUNS, Partido de la Unión Nacional Saharaui, que no eran otros que los chicos del CESID con turbante. Vamos que, ante la necesidad de salir por patas, el Gobierno había planeado que siguiéramos allí con caretas de Vicente Rico para que la comunidad internacional no nos pillara.

Todo iba bien hasta que el rey Hassan II de Marruecos dijo que eso de autodeterminase, nones. Según él, había leído en una revista de diseño que el Sahara antes de que llegasen los españoles había pertenecido al reino de Marruecos y, por tanto, España debía devolvérselo a él envuelto para regalo. Además, según le comentó al entonces vicepresidente del Gobierno general Muñoz Grandes, su señora se había encaprichado

con los terrenos, para hacerse un palacio. Y, claro, haber quién era el guapo que le decía que no.

Como esta teoría de anexionarse el desierto por derechos históricos no coló mucho, Hassan II decidió aliarse con Mauritania para hacer más fuerza ante la ONU. A cambio de repartirse la ex colonia, los dos países reclamaban ahora su soberanía sobre el Sahara. Reproducimos un extracto de las conversaciones mantenidas entre el secretario general, Waldheim, y el representante de Mauritania, en Nueva York:

—Mauritania y Sahara misma cosa, coliega.

—Pero, ¿cómo tiene el morro de decir eso, si Mauritania no existía cuando llegaron los españoles allí?

—Bueno sí existía, pero poco.

—¡Qué va a existir!... Si allí sólo había unas cuantas tribus de beduinos.

—Sí, pero en fondo corazón beduinos ellos deseando que Mauritania país para llevar bandiera en camello.

La ONU mandó una comisión de expertos a inspeccionar cómo estaba la cosa por el Sahara. Los enviados fueron Marta Jiménez, por Cuba; Simeon Ake, por Costa de Marfil y Manoucher Pisva, por Irán. Naciones Unidas les facilitó a los tres un bloc de notas para tomar apuntes, un mapa de Toledo y una máquina de fotos Kodak Fiesta. La delegación realizó una encuesta entre toda la población del Sahara con los siguientes resultados.

¿Le gustaría que el Sahara fuera una nación independiente?
• 97 por 100:   Sí, sin lugar a dudas. • 3 por 100:   ¿Y a quién no?

¿Le gustaría que el Sahara perteneciera a Marruecos y/o Mauritania?
• 67 por 100: Ni de coña.
• 25 por 100: Ni pa Dios.
• 8 por 100: Usted me ve a mí cara de imbécil o qué.

Marruecos y Mauritania siguieron haciendo presiones internacionales y, utilizando la vieja argucia tercermundista de ir de nación explotada por la vida («Es que no nos hacen caso porque somos árabes, señorita. Es que hay racismo contra nosotros, es que...»), consiguieron el apoyo de numerosos países árabes y africanos para que fuera el Tribunal Internacional de La Haya el que decidiera a quién pertenecían los saharauis.

El 10 de diciembre de 1974, cuando ocurrió lo del Tribunal de La Haya, las grandes mentes pensantes del régimen se dieron cuenta de que a Franco le quedaban dos telediarios y había que concentrar todas las energías en el intento de consolidar el sistema autoritario bajo la monarquía. Así que los ánimos no estaban como para perder el tiempo con problemitas por ahí fuera. Además, si no les iban a dejar dar pucherazo con el PUNS, porque les vieron el plumero enseguida, pues casi preferían que no hubiese referéndum, no fuera a ser que ganasen los del Frente Polisario, que no es que tuvieran póster de doña Carmen Polo en la jaima precisamente, y que podían estar apoyando al movimiento independentista canario. Así que se tomó una decisión política: antes que permitir la formación de un estado rojeras, se prefiere abandonar al pueblo saharaui para que entre Marruecos y Mauritania se lo merendasen con patatas. Ante las cámaras de TVE apareció el ministro de Información, León Herrera, que mirando al techo dijo: «El Gobierno ha decidido poner pies en polvorosa y marcharse del Sahara antes de que den las doce. Para pulgas las que me dejo en el camino y el que venga atrás que arree. No obstante se equivocan los que acusan al Gobierno de abandonar al pueblo a su suerte. Nosotros, fieles al compromiso de respetar los principios humanitarios y de caridad cristiana, antes de abandonar los territorios, hemos administrado la extremaunción a cada uno de los saharauis.»

El 16 de octubre de 1975, el Tribunal de La Haya hizo público su dictamen. El resultado era un taco de folios en el que se explicaba que cuando los españoles llegaron al Sahara allí vivían unos pueblos independientes con sus jefes, sus curas, sus alfombras, sus ropitas y todos sus complementos. Y que estos señores hacían su vida y no tenían que rendirle cuentas ni al sultán de Marruecos, ni a las tribus del país de Chinguetti. O sea que venía a decir que de los lazos históricos con Marruecos o Mauritania nada de nada y recomendaba la celebración del referéndum.

El rey Hassan II no se resignaba al fracaso. El sabía que o encontraba una disculpa para anexionarse el Sahara en dos días o no habría Dios que parase el referéndum y ya podía irse despidiendo de hacerse un chaleci-to adosado en el Aaiún. En su palacio de Rabat leyó y releyó el documento en busca de alguna frase que, sacada de contexto, le diera la razón. Por fin, en un párrafo en el que se hacía un poco de historia del territorio encontró una anécdota que decía que un beduino de la tribu nómada tekna le había llevado una vez al sultán una familia de elefantes de madera como regalo de cumpleaños. Hassan II pegó un bote hasta el teléfono y pidió que le trajeran las cámaras de televisión, los micrófonos de radio y una corbata limpia. Media hora más tarde arengaba a la nación:

> «El Tribiunal ha dicho que Sahara de Marruecos. Tribiunal dicho que antepasado saharaui sometido sultán. Si uno sometido, todos sometidos. Sahara y Marruecos misma cosa. Ahora poner en Tarfaya Club Mediterranée. Mañaina todo pueblo Marruecos ir excursión Sahara. Marroquí bueno, estudiante, mañaina día mercado ir Sahara.»

Y así nació la Marcha Verde. Trescientos cincuenta mil parados marroquíes fueron montados en trenes, y luego en camiones, y enviados como héroes nacionales a apoderarse del Sahara. Nadie les pararía las babuchas. El mundo occidental, que tanta prisa se dio en darle capones a Sadam Husein cuando se metió en Kuwait, no dijo ni mu sobre la invasión marroquí. A todos, con Kissinger dirigiendo la orquesta, les venía mejor que en el Sahara mandara un dictador, aliado de la OTAN en la zona, que no un pueblo libre que a saber luego si serían fáciles de corromper o no. El ejército español, disimuladamente y por la noche para que nadie se diera cuenta, abandonó las plazas de Hausa, Echdeiria y Mahbes en manos de Marruecos; y las de Aguenit, Tichla y Gleibat el Fula, en el sur, se las dejó en bandeja a Mauritania. Los saharauis no podían ni creérselo.

> «Pero bueno —decían—, ¿no habíamos quedado en que éramos del Real Madrid?»

Abandonados como ratas, no tuvieron otra solución que la de huir despavoridos. Ante la invasión, el Frente Polisario tomó las armas para defender su territorio; la retirada española significó el inicio de la guerra.

En Madrid, pasando olímpicamente de la ONU, España firmó con Marruecos un tratado bilateral por el que se le regalaba a Hassan II el Sahara. A cambio de ello y, gracias a las hábiles negociaciones del gobierno Arias Navarro, España obtuvo las siguientes contrapartidas: NINGUNA. Repetimos: NINGUNA.

El ministro de la Gobernación, Carro, ante la vergüenza que suponía reconocer la guarrada que les acabábamos de hacer a los saharauis, no se cortó un pelo y soltó una trola diciendo: «El Gobierno español no tenía ningún compromiso con esa gente. Vamos, que yo sepa, en el Sahara, Sahara, lo que se dice en el Sahara, nunca hemos estado más que de vacaciones en unos *bungalows* que teníamos concertados con Air Marocco.»

Por lo visto, se le había olvidado que en 1957 cientos de legionarios españoles se habían dejado el pellejo defendiendo el territorio contra Marruecos. Y, desde luego, las promesas de autodeterminación defendidas ante Naciones Unidas por el embajador Jaime de Piniés no le sonaban de nada.

La noticia no pudo ser más vergonzosa y no había por dónde cogerla. Lo que ocurrió fue que, igual que con la dimisión de Alfonso Guerra, el Gobierno tuvo suerte y pasó desapercibida. La víspera se había muerto Franco de una enfermedad que le había salido y el país estaba sólo pendiente de lo que iba a pasar de fronteras adentro. Hoy, la guerra sigue y los sucesivos Gobiernos se ponen a silbar la Traviata cada vez que se les menciona el tema.

Algunos otros
disgustillos

CARLOS II *EL HECHIZADO*

Carlos II fue el último Austria. Se ha dicho de él que era muy feo y un tanto retrasado mental, pero, sin dejar de ser verdad la primera afirmación, no lo es tanto la segunda, ya que según declaraciones de un amigo suyo de la infancia, con el que empezó a fumar y a salir con chicas, Carlos II sólo era epiléptico.

Lo de feo es cierto; así queda reflejado en los retratos de la época, como por ejemplo el del insigne pintor Carreño, quien, no hace mucho declaraba a la revista *Playboy:* «No lo podía evitar. Cada vez que le miraba mientras posaba, me daba la risa floja. El me decía: "No te rías, Carreño, que te mando cortar la cabeza", pero era superior a mis fuerzas. Por eso, quizá me salió el cuadro un poco torcido.»

Los personajes de la Corte —parientes, grandes, frailes y consejeros— le creyeron poseído por el demonio, primero, y luego, solamente hechizado.

El 18 de julio de 1698, el inquisidor general ordenó a

un fraile asturiano, Antonio Alvarez, que decía tener línea directa con el demonio y hablar con él, que le pregun-
tase cuál era el hechizo del rey y cómo podía curarse:

—A ver fray Antonio, tú quedas con el demonio y
le preguntas.

—No sé, no sé, es que siempre está reunido.

—Pero, ¿no dices que le ves mucho?

—Hombre, sí, pero como es muy mala persona,
muchas veces me da plantón y me tiene esperando todo
el día.

—Nada, tú insiste en que éste es un caso muy importante.

—Lo haré, pero...

—Ni peros, ni leches. Como no hables con el demonio te acuso de judío y te mando a la hoguera.

—A la hoguera no, a la hoguera no.

Mientras el cura asturiano intentaba, un día y otro,
hablar con el demonio, que hay que tener narices para
creerse una cosa así, Carlos II se quedaba viudo de su
primera esposa María Luisa de Orleans, con la que no
había tenido descendencia. En la Corte se pensaba en
buscar una nueva reina. Se puso un anuncio en el *ABC*
que rezaba de la siguiente manera:

Se busca esposa para el rey.

Si alguien sabe de alguna princesa casadera,
que lo diga.

Se le gratificará.

Razón: portería de palacio.

Llegaron muchas ofertas, pero al final se decidieron por María de Neoburgo, ya que su madre había

dado a luz en veintitrés ocasiones. En una conversación entre un Grande de España y un consejero real, encargados de leer las propuestas, decidieron hacer caso omiso de todas y llamar a la citada María.

—Aquí hay una carta que recomienda a una princesa muy guapa. Han mandado la foto, lo que pasa es que en la posdata dicen que tiene muy mala leche.

—Pues descartada, que el rey es muy mimoso y como le asuste ni se le arrima, y aquí de lo que se trata es de que tengan un hijo para lo de la herencia del trono.

—Por lo del trono no os preocupéis que yo tengo una casa muy grande y si no lo quiere nadie yo me lo llevo y lo pongo en el salón.

—Chico, no te enteras. Por cierto, ahora que lo pienso, yo conozco a una que se llama María de Neoburgo, que tiene veintidós hermanos; como la niña haya salido tan fértil como la madre...

—Pues vamos a llamarla.

Y la llamaron.

—Oiga, ¿está María de Neoburgo?

—Sí, soy yo.

—Mira, que si te quieres casar con Carlos II de España.

—Hombre, no sé, así de sopetón...

—Venga mujer, no seas tonta, que así te conviertes en reina.

—Eso sí, pero es que tengo novio.

—¿Quién es?

—No le conocéis, trabaja aquí cerca, en una empresa de mensajería.

—Nada, nada, no te conviene.

—Bueno, pues mandadme una foto de Carlos II.

—No, no, déjalo. Tú vienes y os casáis y ya está.

Y vino y se casaron.

En ésas estábamos cuando llegó por fin la respuesta del fraile asturiano que hablaba con el demonio. Y dijo que éste le había dicho que la reina madre había hechizado al rey para tenerle bajo su control y poder seguir gobernando. A la pregunta de cómo fue hechizado, el fraile, muy seguro, contestó que con un chocolate que se le había dado a tomar a los catorce años y en el que se habían disuelto los sesos de un difunto. Cuando se le interrogó acerca de quién había proporcionado los sesos, el fraile dijo que una tal Casilda Pérez, viuda del de los sesos, que vivía en la calle Herreros, de Madrid. Todo parecía en vías de solución, hasta que los inquisidores fueron a la citada calle en busca de la tal Casilda Pérez y comprobaron que no existía ni la calle, ni la señora. El fraile dijo: «A mí no me digan nada. Díganselo al demonio que es quien me dio la información.» Y se quedó tan pancho.

Después del tal fraile apareció un italiano, que tras examinar a Carlos II dictaminó que, en efecto, estaba hechizado, pero que la causa no procedía del demonio, sino de otra cosa. Mandó que le trajeran un saquito que el rey llevaba siempre colgado al cuello. Al abrirlo descubrió que dentro había un montón de uñas de los pies, cabellos, cáscaras de huevo y otras cerdadas por el estilo. El italiano recetó que se le diera al rey aceite bendito en ayunas y una unción con el mismo aceite, después. Con esto y otras barbaridades más que le hicieron, Carlos II se fue debilitando hasta morir en plena juventud, a la edad de 39 años, pero con el aspecto de un anciano de setenta.

Durante su reinado, debido a la incompetencia de quienes gobernaron realmente España, el imperio fue reduciéndose y las potencias europeas sólo esperaban la muerte de *El Hechizado* para repartirse la herencia que dejaba.

EL 23 DE FEBRERO DE 1981

En España todo el mundo estaba muy contento porque ya parecía que la democracia estaba asentada y que, con las cosillas de la política y eso, marchábamos por un buen camino. En las Cortes se debatían las cosas importantes entre quienes, no mucho antes, habían sido enemigos, perseguidos, perseguidores, exiliados, clandestinos, etc.

Durante el transcurso de una de estas sesiones alguien notó cierto ajetreo en la entrada del salón. Un bedel, de nombre Oswaldo Remí, que en esos momentos se encontraba en el servicio, nos narra cómo vivió él este momento:

«Yo estaba cagando, porque lo tengo muy medido. Me tomo un café, y como después encienda un cigarrillo, a la primera calada me voy por las patas abajo. Entonces, allí sentado, ojeando el *As* oí muchos pasos a la vez y a alguien que decía: "No hagáis ruido, que como nos descubran antes de entrar os meto un paquete que se os caen las cejas." Comoquiera la cosa es que yo estaba, digamos, finalizando mi faena, tiré de la cadena y me dispuse a salir del, llamémoslo cubículo. Asomé la cabecita por la puerta del servicio y vi cómo un cerro de guardias civiles se dirigían al salón de sesiones. Yo, que tenía sin pagar una multa que me habían puesto en la provincia de Cuenca por exceso de velocidad, tres meses antes, me dije: "Estos vienen a por mí." Y me metí otra vez para dentro con el *As*. Y luego pasó todo el follón.»

El caso es que los guardias civiles se metieron al salón de sesiones y al mando del teniente coronel Tejero se dispusieron a meter un susto de muerte. Sin duda, sacado de algún libro que había leído, Tejero pronunció la famosa frase: «Se sienten, coño», y los diputados no sólo se sentaron, sino que la mayoría se metieron debajo de los asientos, debajo de los compañeros, debajo de sus propios temores y se quedaron de palo. Santiago Carrillo, no. El se quedó en su sitio contemplando el espectáculo. Adolfo Suárez, lo mismo.

Gutiérrez Mellado, como era militar de más alta graduación que Tejero, se levantó, fue hacia él y le increpó, regañándole y diciéndole, más o menos, que no hiciera el tonto y que eso era una canallada. Tejero, muy educado, le pegó un empujón y le zarandeó.

La psicóloga María Esperanza Patazo nos ha comentado que esa reacción suele ser habitual en gente que en casa es un poco calzonazos.

El teniente coronel Tejero anunció que pronto se conocería al nuevo jefe de todo y que mientras tanto allí no se movía nadie.

En Valencia lo pasaron también estupendamente ante un desfile no previsto de las Fuerzas Armadas en el que salieron a la calle los carros de combate, bajo el mando de Milans del Bosch, quien estaba compinchado con Tejero y algunos otros.

En Madrid, un retén de un cuartel cercano a Televisión Española se dirigió al ente público y, dispersados por allí, también se pusieron a dar órdenes y a decir que no se emitieran películas con subtítulos ni cosas de ésas, que aquel libertinaje se iba a acabar muy prontito.

La casi recién estrenada democracia española estaba a punto de irse al garete. Pero, tras una noche de congoja, en la que muchos españoles, más bien de izquierdas, tiraban por el water insignias, banderas, fotos antiguas... que les pudieran identificar como demócratas, y los que eran más bien partidarios del antiguo régimen se frotaban las manos, salió el primero de los españoles por la tele y lanzó un mensaje a los golpistas en el que les mandó a casita. El texto completo del discurso que pronunció don Juan Carlos I no lo tenemos, pero más o menos venía a decir: «Hala ricos, ya está bien. Retiraros que la cosa no ha tenido ninguna gracia.»

Durante la noche y la mañana siguiente, los guardias civiles que permanecían en el edificio de las Cortes fueron saliendo de él por las ventanas. Fíjate, para haberse caído y haberse roto algo. Al final salieron todos. Guardias civiles, diputados, señoras de la limpieza, periodistas...

España volvía a reencontrarse con su amada democracia después de haber dado un ejemplo de cordura y fe en la libertad.

Este fue, a grandísimos rasgos, el mayor susto que hemos pasado en España últimamente y esperemos que nunca, nunca más, se vuelva a repetir.

EL ATLETICO DE MADRID PIERDE LA FINAL DE LA COPA DE EUROPA DE LA TEMPORADA 1973-74

Los atléticos, seguidores del denominado «pupas», estaban que daban saltos de contento al ver a su equi-

po, el Atlético de Madrid, en la final de la Copa de Europa de Campeones de Liga. Hubo un señor, socio del citado club, de nombre Pascual Pargata, que, con los nervios, se empezó a comer las uñas poniendo tal énfasis que se devoró hasta el codo; y ahora va con el muñón.

El Atlético de Madrid se enfrentaba al Bayer de Munich. La televisión, por aquel entonces, era todavía en blanco y negro, pero se pudo ver la cara roja de ira de los alemanes cuando Luis Aragonés transformó en gol el lanzamiento de un golpe franco directo al borde del área.

El país al unísono gritó «¡Gooooool!» Un chino, de nombre Chan Chin Siang Ping Pong, declaró, en el transcurso de una entrevista al diario deportivo de Pekín *Sportin Ching*, que él estaba en su casa quitándole la aleta a un tiburón para hacerse una sopa, cuando de repente el ruido le sobresaltó: hasta China había llegado el emocionado ¡Gooooool! de los españoles seguidores del Atlético de Madrid. Y no era para menos.

Quedaban pocos minutos para la conclusión del partido, que ya se encontraba en tiempo de prórroga, cuando José Eulogio Gárate, delantero del equipo colchonero, quedó tendido en el césped, completamente exhausto por el cansancio. Era natural, tantas horas corriendo de un lado para otro, y sin haber cenado, eso destroza a cualquiera. Su marcador, un tal Schwazenberg, o algo así (el cielo le haya mandado algún castigo), se fue hacia adelante, trincó el balón casi en el medio del terreno de juego y lanzó un pepinazo que, atravesando una nube de jugadores, se coló por debajo del portero atlético, Miguel Reina, yendo a parar al fondo de las mallas.

El partido finalizó con empate a un gol.

Franco, ya pachucho, dijo desde la cama: «Que se fastidien, yo soy del Real Madrid.»

Como por aquel entonces los partidos que finalizaban con empate al final de la prórroga había que repetirlos porque no se usaba lo del lanzamiento de penaltis, los jugadores de ambos equipos tuvieron que jugar otra vez.

En la concentración del Atlético de Madrid, después del partido, estaban todos muy tristes.

Un botones del hotel nos ha contado que Adelardo, centrocampista, ni siquiera se acabó el postre. Era terrible. El éxito en las manos y se les había escapado.

De todos modos quedaba la esperanza del partido siguiente, pero dejemos aquí la historia, porque no queremos ni acordarnos. ¡Tú te crees! Con la cantidad de españoles que estaban de emigrantes en Alemania y no tener ni un detalle con ellos. ¿Qué les habría costado a los del Bayer de Munich haber perdido? Pero nada. Es que tienen un carácter estos alemanes...

EPILOGO

Si han llegado hasta aquí consideramos que este libro ya es historia. Pretendíamos, cuando no era más que una idea colgando de nuestras cabezas, darnos una vuelta por algún que otro episodio de nuestra ajetreada trayectoria nacional, y encontrar en esos momentos de penuria un argumento válido para, simplemente, sonreír. Si lo hemos logrado y, de paso, hemos conseguido que alguien se entere de lo que pasó, habremos cumplido nuestro propósito.

Del mismo modo, si alguno de ustedes se ha sentido ofendido porque se identificaba con Felipe II o con Torquemada, por citar dos ejemplos, lo lamentamos, ya que nunca fue nuestra intención menospreciar a nadie. De todos modos, identificarse con Torquemada, deben estar de acuerdo con nosotros, es un poco triste.

Podríamos aventurarnos y decir que están ustedes a punto de finalizar un gran libro, pero no sería justo que los propios autores influyeran en la valoración de la obra. Eso deben hacerlo los lectores. Es su obligación, y no sólo crearse una opinión al respecto, sino también recomendar a sus amistades, familiares, compañeros de trabajo, que la lean para que también ellos tengan la, tantas veces vituperada, libertad de pensamiento y opinión. Por eso y sólo por eso, para que se sientan más libres: recomienden este libro. Pero ya.

BIBLIOGRAFIA RECOMENDADA

Los españoles somos los mejores, Merche Puda, Ediciones ¿Qué Pasa?, Turégano, 1992.

Corre tío, que nos pillan. Memorias de la Guerra Civil, Salustiano Melo Digiste, hojita parroquial de la iglesia de Nuestra Señora con Botas de Ecija, Andorra la Bella, 1943.

Espartero no tiene pilila, Carmelo Dijopérez, conde-duque de Gusanos, editorial Realidades de España, París, 1857.

¿Ca pasao?, Inés Perta, cátedra de Historia Contemporánea de la Universidad a Distancia, Manises, 1493.

Nosotros zemos bretánicos, María Edwin Gonzaga, colección Cuadernos del Peñón de Gibraltar, La Línea, 1966.

¿Judío yo? Qué cosas tienes..., padre Llamas, Episodios de la Inquisición, Guadalix de la Sierra, 1510.

You are going to go to the bathroom. La vais a cagar. El Trafalgar que vivió Drake, Pirata Editions, London, 1725.